GÜTERSLOHER
VERLAGSHAUS

Dieses Buch widme ich

Erich Fromm
(1900 – 1980)

dessen Buch »Haben oder Sein«
1979 mein Leben änderte.

Thomas Hohensee

Lob der Faulheit

Warum Disziplin und Arbeitseifer uns nur schaden

Gütersloher Verlagshaus

Inhalt

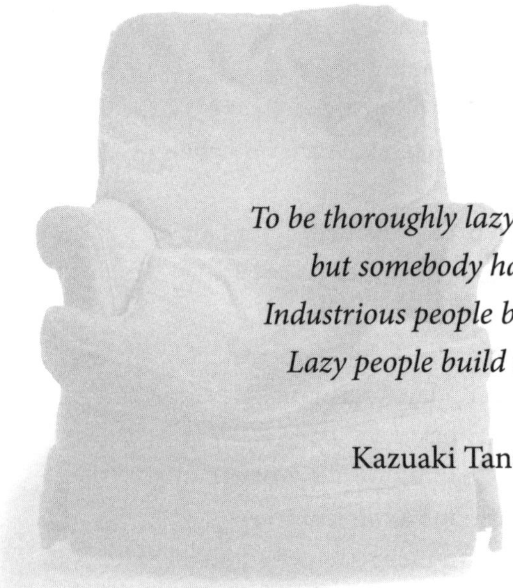

To be thoroughly lazy is a tough job,
but somebody has to do it.
Industrious people build industry.
Lazy people build civilization.

Kazuaki Tanahashi

Nichts-Tun ist besser als mit großer Mühe nichts zu schaffen

– Wie ich entdeckte, dass Fleiß und Disziplin nichts bringen.

– Warum 30 Minuten Fitnesstraining in der Woche vollkommen ausreichen.

– Laotse und Buddha, zwei der größten Menschheitslehrer, waren nach den Maßstäben unserer Leistungsgesellschaft ausgesprochen faul. Ist das nicht schockierend?

– Falls Sie sich bisher für fleißig und diszipliniert hielten, werden Sie die unliebsame Entdeckung machen, dass Sie fauler sind, als Sie bisher glaubten.

– Das Tao als Vorbild: Es handelt nicht und doch bleibt nichts ungetan.

– Und am Ende dieses Kapitels erfahren Sie, was Sie in diesem Buch noch alles erwartet.

Ich heiße Thomas und bin faul

Mit diesen Worten würde ich mich einer Gruppe Anonymer Fauler vorstellen. Ich würde allerdings niemals zu einer gehen; denn obwohl ich faul bin, habe ich alles erreicht, was mir wichtig ist. Ich lebe mit der besten Ehefrau von allen zusammen und habe den schönsten Beruf der Welt.

Dass Fleiß mich nicht weiterbringt, habe ich relativ früh begriffen. Mitten im Studium beschloss ich, mein Leben zu ändern. Bis dahin hatte ich eifrig Vorlesungen besucht, ganze Tage in der Fachbereichsbibliothek gesessen, kaum freie Zeit gehabt – und das Ergebnis: schlechte Noten! Kurzum, ich war sehr unzufrieden.

Deshalb besorgte ich mir die Prüfungsordnung, las sie aufmerksam durch und tat nur noch das Nötigste. Vorlesungen strich ich nahezu komplett. Ich besuchte nur noch Seminare, in denen ich mich wohlfühlte. Außerdem begann ich, mich an erfolgreichen Vorbildern zu orientieren.

Plötzlich hatte ich jede Menge Freizeit. Ich nutzte sie, um zu tun, was mir Spaß machte. Meine Noten wurden immer besser. Am Ende bestand ich das Examen mit einer Eins in meiner schriftlichen Arbeit. Zur Bearbeitung hatte man vier Wochen Zeit. Ich war bereits nach drei Wochen fertig, ohne jede Hilfe. (Allerdings ließ ich die Examensarbeit noch eine Woche zuhause liegen, damit kein Prüfer auf die Idee käme, ich hätte mir keine Mühe gegeben.)

Später in der Arbeits- und Berufswelt machte ich es genauso. Ich konzentrierte mich auf das unbedingte Minimum, um sehr gute Resultate zu erreichen. Mehr tat ich nicht, aber auch nicht weniger.

Leider wurde mein Stil selten geschätzt. Er sieht einfach nicht nach Arbeit aus! Deshalb war ich als Angestellter gezwungen, meinen Schreibtisch mit Bergen von Akten zu »dekorieren«, damit meine Vorgesetzten und KollegInnen nicht nur den Eindruck gewannen, dass ich hervorragende Ergebnisse erzielte, sondern auch *arbeitete*.

Normalerweise organisiere ich meine Unterlagen so, dass mein Schreibtisch immer leer ist. Das kapierten die anderen nicht. Schließlich habe ich mich beruflich selbstständig gemacht, um das tun, was ich will, und zwar so, wie ich es mag – leicht und angenehm!

»Faulheit« ist ein relativer Begriff. Manche würden mich als faul bezeichnen. Anderen wäre ich zu fleißig. Es ist eine Sache des Standpunkts. Für mich ist Faulheit der Gegenbegriff zu blindem Aktionismus, der in allen Bereichen des Lebens, besonders aber in Politik und Wirtschaft so häufig praktiziert wird.

Faule Menschen bräuchte das Land. Übermüdete und gestresste Menschen produzieren oft schlechte Ergebnisse. Sie machen komplexe Sachverhalte unnötigerweise noch komplizierter. Leider lassen sich allzu viele immer noch durch lange Nachtsitzungen, falschen Ehrgeiz und und destruktiven Fleiß beeindrucken. »Sie haben sich wenigstens Mühe gegeben«, heißt es dann, wenn wieder einmal alles schiefgegangen ist.

Falls Sie Lust haben, sich informell den Anonymen Faulen anzuschließen, lade ich Sie mit diesem Buch herzlich dazu ein.

Wenn Sie jedoch starke Zweifel haben, dass man ohne Disziplin und Willensstärke überhaupt etwas erreichen kann, wundert mich das nicht. Wir werden von Kindesbeinen an darauf trainiert, fleißig zu sein, uns Mühe zu geben und hart zu arbeiten. Deshalb erwarte ich nicht, dass Sie mir sofort begeistert zustimmen.

Die meisten von Ihnen werden die Erfahrung gemacht haben, dass es ohne Fleiß keinen Preis gibt. Es fällt einem nichts in den Schoß. Letzteres behaupte ich nicht, wie Sie an meinem Eingangsbeispiel sehen. Aber ich bin der festen Überzeugung, dass man alles, was im Leben wichtig ist, schaffen kann, ohne mit hängender Zunge über die Ziellinie zu taumeln.

Dass sehr viele sich enorm anstrengen, leugne ich nicht. Ich sehe es täglich. Aber ist es nötig? Keineswegs. Ohne es auszuprobieren, werden Sie jedoch nie erfahren, ob Sie dasselbe Ergebnis oder gar ein besseres mit weniger Aufwand hätten erzielen können. Sie müssen sich trauen und sich von den in unserer Gesellschaft üblichen extremen Leistungsvorstellungen lösen.

Sie glauben mir immer noch kein Wort, nicht wahr? Sie sind sich sicher, dass Disziplin, Willensstärke und Leistungsbereitschaft die unabdingbaren Voraussetzungen für Erfolg sind. Dann bedenken Sie bitte eines:
Sie sind fauler, als Ihnen bewusst ist!

Ich wette, Sie leben in einer Komfortwohnung mit einem Bad, einer Wassertoilette und Zentralheizung. Sie besitzen vermutlich ein Auto, eine Waschmaschine, einen Geschirrspüler, einen Herd, der mit Strom oder Gas gespeist wird, eine HiFi-Anlage (Plattenspieler, CD- oder MP3-Player), ein Handy und einen Computer. Ich könnte jetzt die nächsten Seiten mit all den Arbeit sparenden Geräten und Maschinen füllen, die Sie für selbstverständlich halten.

Wenn ich es richtig sehe, gehen Sie nicht zum Fluss, um zu baden, heizen keinen Kohleofen und waschen Ihre Kleidung nicht mit Kernseife auf einem Waschbrett.

Morgens sowie abends laufen Sie nicht zehn Kilometer zur Arbeit, Ihr tägliches Essen bereiten Sie normalerweise nicht über einem offenen Feuer im Freien zu und anschließend spielen Sie nicht auf Ihrer Gitarre oder Ihrem Saxophon.

Wann haben Sie zuletzt einen Brief mit einem Federkiel geschrieben? Benutzen Sie üblicherweise den Lift oder laufen Sie die Treppen hoch? Ich würde Sie nie auf einer Rolltreppe antreffen, sondern ausschließlich in den Aufgängen der Kaufhäuser, des öffentlichen Nahverkehrs (ach, ich vergaß, dass Sie nur zu Fuß unterwegs sind) und in Hochhäusern würde ich Ihnen nur auf der Treppe begegnen? Aber lassen wir das.

Im Vergleich zu Milliarden anderen Menschen auf dieser Erde führen Sie ein überaus bequemes, faules Leben. Sie könnten es genießen, aber irgendwie bekommen Sie es – ebenso wie die meisten Ihrer Mitmenschen – immer wieder hin, sich Stress zu machen. Das kann gar nicht anders sein, weil Sie überzeugt sind, dass das Leben hart ist und Ihnen nichts geschenkt wird. So machen Sie sich zum Opfer Ihrer sich selbst erfüllenden Prophezeiungen.

Falls Sie bisher das Bild eines fleißigen Menschen von sich hatten und nun merken, dass Sie bequemer sind, als Sie dachten, schämen Sie sich jetzt womöglich. Bloß das nicht! Es ist völlig in Ordnung, faul zu sein. Schließlich war es ein Menschheitstraum, sich von der Last harter Arbeit zu befreien. Umso unverständlicher ist es, dass wir nun, da wir dieses Ziel weitgehend erreicht haben, so tun, als müssten wir so weitermachen wie die Generationen vor uns.

Hey, Leute! Wir haben es geschafft. Wir brauchen nicht mehr rund um die Uhr zu schuften. Die KaiserInnen, KönigInnen und PharaonInnen früherer Zeiten würden uns um unseren Komfort beneiden. Sie mussten in zugigen Schlössern hausen. Ein warmes Bad war eine Staatsaktion. Damit sie nicht so stanken, benutzten sie Puder und Parfüms in rauen Mengen. Das Reisen in Pferdekutschen war kein Vergnügen, sondern eine Strapaze, der man sich ungern aussetzte.

Wir müssten uns nur erlauben, richtig faul zu sein, die Bequemlichkeiten auskosten und dann den nächsten Schritt machen: von der Komfortwohnung zur Komfortwelt! Das wäre eine Welt, in der Frieden, Kooperation und Wohlstand herrschen würden. Können Sie sich eine Welt ohne Kriege, Konkurrenz und Finanzkrisen überhaupt lebhaft vorstellen? Wenn nicht, möchte ich Ihre Fantasie mit diesem Buch auf Trab bringen.

Voraussetzung für eine solche Komfortwelt wäre allerdings, dass wir aufhören, wie die Verrückten zu produzieren und zu konsumieren. Wie Kazuaki Tanahashi, ein japanischer Friedens- und Umweltaktivist, es so schön ausgedrückt hat: Es ist sehr schwer, richtig faul zu sein. Aber wenn wir eine Zivilisation aufbauen wollen, die diesen Namen verdient, sollten wir endlich damit anfangen.

Total fit in 30 Minuten – pro Woche!

1980 bewahrte mich ein Buch davor, jemals dem Fitnesswahn zu erliegen. Der Titel sprach mich natürlich an: »Fitness für Faule«. Auch der Untertitel war interessant: »Das ›weltraumgetestete‹ Gesundheitsprogramm«. Der Autor, Laurence E. Morehouse, war ein Bruder im Geiste; denn sein erster Satz lautete: »Ich hasse körperliche Übungen.« Welch ein verheißungsvoller Start für ein Fitnessbuch.

Es ist nicht so, dass ich jeden ernst nehme, der über Faulheit schreibt. Manche vertreten Konzepte, die mir überhaupt nicht gefallen. Aber Laurence Englemohr Morehouse (1913–1995) hat es sofort in die Reihe meiner Allzeit-Lieblinge geschafft. Er war Professor für Sportphysiologie an der UCLA sowie Gründer und Leiter des Laboratoriums für Menschliche Leistung. Darüber hinaus schrieb er die entsprechenden Artikel über Körperübungen und Körpertraining in der Encyclopedia Britannica und anderen renommierten Lexika. (Übrigens weiß ich, dass »Encyclopedia« eigentlich mit diesem albernen »ae« geschrieben wird, aber Sie glauben doch nicht, dass ich dieses Sonderzeichen, das irgendwo in den Tiefen des Computers versteckt ist, jetzt suche!)

Morehouse war jedenfalls jemand, der mich aufhorchen ließ. Eine Autorität auf seinem Gebiet, der für amerikanische Astronauten eine Maschine erfunden und ein Fitnessprogramm entwickelt, mit Weltklasse-Athleten und Vorständen von Weltkonzernen gearbeitet hatte – und dabei anstrengende Gymnastik und schmerzhafte Ausdauerübungen verabscheute. Das hatte was!

Dieser Experte nahm sich heraus, viele Fitness-Lehrer als »Ergomanen«, also von Arbeitswahn Besessene, zu bezeichnen. Sie seien von einem »geradezu widerlichen Enthusiasmus für Körperübungen« beherrscht und gehörten überwiegend dem mesomorphen Körpertyp an. Es handele sich um Menschen, die gerne schwitzten und denen es nichts ausmache, wenn sie bluteten. Diese Leute hätten es auf die Schmalen, Zarten, Rundlichen, Weichen, Schlaffen und Bequemen abgesehen.

Mit solchen Äußerungen war Morehouse endgültig mein Mann. Ich dachte: Wenn er es geschafft hat, die Astronauten im Weltall fit zu halten, und ein Gegner anstrengender Körperübungen ist, dann könnte sein Programm genau das Richtige für mich sein. Im Weltraum kann man nicht kilometerweit joggen. Dort gibt es kein Fitness-Studio mit Kraftmaschinen.

Was Morehouse vorschlug, war denkbar einfach: Man brauchte nur dreimal in der Woche für zehn Minuten ein paar simple Kraftübungen sowie ein Ausdauertraining zu machen, das sich an der Pulsfrequenz orientierte. Tatsächlich, es funktionierte! Nach ein paar Wochen konnte ich auf den Fahrstuhl verzichten und stattdessen zügig und ohne zu japsen die Treppe bis in den zehnten Stock eines Hochhauses hinaufsteigen, wenn ich meinen Schwager und seine Frau besuchte. Das reichte mir für das Leben im Großstadtdschungel.

Für meine Bedürfnisse habe ich Morehouses Programm sogar noch weiter vereinfacht. Da ich keine Lust hatte, andauernd meinen Puls zu überprüfen und die zehn Minuten mit der Uhr zu stoppen, richtete ich mich beim Training danach, ob ich leicht atmen, mich unterhalten oder unbeschwert singen konnte. Ich achtete stets darauf, dass ich mich hundertprozentig wohlfühlte und hörte auf, sobald die ersten Anzeichen von Unlust auftraten. Das Ergebnis blieb dasselbe.

So und jetzt kommt ein wichtiger Hinweis: Ich schreibe ausschließlich über meine Erfahrungen. Weder ich noch der Verlag haften dafür, wenn Sie mir nacheifern und dabei gesundheitliche Schäden erleiden. (Wenn Sie mich richtig verstehen, werden Sie sowieso jegliche Form von Eifer in Zukunft unterlassen.) Lassen Sie sich von einem Arzt beraten, bevor Sie ein Körpertraining beginnen.

Wir leben in merkwürdigen Zeiten. Überall findet man heute Warnhinweise. Selbst auf Spielzeug, das so groß ist wie ein Pflasterstein, steht, dass man sein Wohlbefinden ernsthaft beeinträchtigen könne, wenn man es verschlucke. Auf Tüten, die niemand über den Schädel bekommt, steht, dass man ersticken könne, wenn man sie unsachgemäß verwendet. Und so weiter und so weiter. Mark Twain war es wohl, der gesagt hat, dass alles außer dem Trinken eines Glases lauwarmen Wassers gesundheitsgefährdend sei. An seiner Stelle hätte ich das nicht gesagt; denn gerade in lauwarmem Wasser können sich lebensbedrohliche Bakterien rasend schnell vermehren. Passen Sie auf! Es sind schon Menschen in einem Wassereimer ertrunken! Sie erinnern sich vielleicht an die tragische Meldung über einen Epileptiker, der dabei war, einen Raum zu wischen, als er einen Anfall bekam und mit dem Kopf in den Wassereimer stürzte.

Es reicht, dreimal pro Woche 10 Minuten lang ein paar simple Fitnessübungen zu machen.

Wenn schon Warnhinweise, dann richtig. Ich sagte: Lassen Sie sich von einem Arzt beraten, bevor Sie ein Körpertraining beginnen. Aber Vorsicht! Der Besuch bei einem Arzt kann lebensgefährlich sein. Sie haben wahrscheinlich von den Unglücklichen gelesen, die nach der allseits empfohlenen Darmspiegelung an Hepatitis C erkrankten, weil die Untersuchungsschläuche nicht richtig gereinigt worden waren. Oder denken Sie an die vielen Menschen, die sich im Krankenhaus infizieren.

In unserem Zusammenhang ist der Ausspruch eines Sportmediziners von besonderer Bedeutung: »Wir müssen das Herz in die Enge treiben.« Nur an der Belastungsgrenze sei der Gesundheitszustand des Herzens zu erkennen. Im Grunde genommen ist das eine moderne Form des Gottesbeweises. Wer den Belastungstest überlebt, wird zur Darmuntersuchung geschickt.

René Goscinny hat es leider nicht überlebt. Zusammen mit dem Zeichner Albert Uderzo erfand er die wunderbar widerständigen Comicfiguren Asterix und Obelix. Goscinny starb am 5. November 1977 bei einem ärztlichen Belastungstest. Sein Herz, dermaßen in die Enge getrieben, versagte. Die Ärzte diagnostizierten einen Herzinfarkt. Goscinny ist das wahrscheinlich berühmteste Opfer medizinischer Belastungstests. Den Namenlosen setzt niemand ein Denkmal. (Nun gut, vielleicht ist dieser Absatz eines.)

Zurück zu Morehouse: Nachdem ich sein Buch gelesen und mit dem Fitnesstraining für Faule begonnen hatte, wurde ich durch einen weiteren Zufall auf Gert von Kunhardt aufmerksam. In einem Artikel einer Fachzeitschrift vertrat er die Auffassung, dass fast alle FreizeitsportlerInnen falsch trainieren, indem sie sich permanent überlasten. Von Kunhardt war Spitzensportler gewesen. Im Modernen Fünfkampf stellte er einen Rekord auf und gewann ein paar Olympiamedaillen. Bei einer Deutschen Meisterschaft kam er ebenfalls auf die vorderen Plätze.

Was ihn mir sympathisch machte, war der Umstand, dass er in der Schule der Kleinste und Schwächste seiner Klasse war und sich während des Barrenturnens beim einfachen Schwingen das Brustbein riss. Ich war zwar nicht der Kleinste und Schwächste, aber beim Barrenturnen in der Schule hätte ich mir einmal fast das Genick gebrochen. Unser Sportlehrer hat noch mal Glück gehabt.

Von Kunhardt hat später beim Training selbst herausgefunden, dass er nur dann stärker wurde, wenn er weit unter seiner Leistungsgrenze blieb. Durch ein dosiertes Training gelang es ihm, sogar im Spitzensport erfolgreich zu werden. Anders als viele andere ist er heute kein Sportinvalide, sondern zählt in seiner Altersklasse immer noch zu den Besten. Er ist heute zusammen mit seiner Frau als Gesundheitstrainer tätig.

Von Kunhardt nennt die Methode, die ihn vom Schwächsten zum Stärksten werde ließ, das Prinzip der subjektiven Unterforderung. Dabei kommt es darauf an, so zu trainieren, dass man jederzeit das Gefühl hat, eigentlich viel mehr leisten zu können. Man joggt nicht, sondern »joggelt«, das heißt, man trabt nur so langsam vor sich her. Nach dem Training fühlt man sich frisch und erholt. Nicht erschöpft, müde und verletzt. Der Effekt ist erstaunlich.

Ich finde von Kunhardts Empfehlungen teilweise immer noch übertrieben. So propagiert er, dass man jeden Tag 9.000 Schritte gehen sollte. Da steht mir Morehouse mit seinen 30 Minuten pro Woche erheblich näher. Trotzdem finde ich es gut, wenn jemand mit der Autorität eines Spitzensportlers sagt, dass man beim Training nicht schwitzen muss, um fit zu werden.

Als Morehouse sein »Total Fitness in 30 Minutes a Week« schrieb, war ein anderer mit seinem Programm bereits viel erfolgreicher: Kenneth Cooper. Bei ihm musste man eine bestimmte Kilometerzahl in einer festgelegten Zeit sechsmal die Woche schaffen. »Aerobics« hieß sein Credo. Cooper ist ein ehemaliger Major der US Air Force. Mehr muss ich dazu eigentlich nicht sagen. Vielleicht nur noch, dass er seine Meinung inzwischen geändert hat. Nach mehreren Knochenbrüchen und Fußverletzungen – diese Leute schwitzen gerne, und es macht ihnen nichts aus zu bluten – hat er eingesehen, dass es besser ist, weniger zu laufen. Er räumt ein, dass er dadurch heute mehr leistet.

Um das Thema abzurunden, möchte ich wenigstens noch kurz Jim Fixx erwähnen. Fixx (nomen est omen!) landete mit seinem Buch »Das komplette Buch vom Laufen« einen Hit. Er war einer der Wegbereiter der Joggingbewegung. Fixx wollte keinen Tag vergehen lassen, an dem er nicht mehrere Kilometer lief. Er behauptete, dass man dadurch seine Lebenserwartung beträchtlich steigern könne. Am 20. Juli 1984 starb er jedoch im Alter von 52 Jahren nach seinem täglichen Lauftraining. Für seine Anhänger war das ein schwerer Schlag.

Mit wenig Aufwand ist viel möglich.

Leider verwechseln die meisten Fitness und Leistung mit Gesundheit. Fitness bezeichnet die Fähigkeit, mit bestimmten Anforderungen fertig zu werden. Leistung misst, wie gut man dies tut, und Gesundheit könnte man als Zustand des Wohlbefindens, zumindest des Freiseins von Krankheit definieren. Man kann fit und leistungsfähig sein, ohne gesund zu sein. Nicht wenige Sportler sind ernsthaft krank. Der Olympiasieger im Gewichtheben, Matthias Steiner, beispielsweise leidet an Diabetes und muss täglich Insulin spritzen.

Umgekehrt kann man gesund sein, ohne über eine besondere Fitness oder Leistungsfähigkeit zu verfügen.

Aus der Joggingbewegung erwuchs mit der Zeit eine neue Landplage: die Marathonläufe. Nicht genug, dass Jogger die Ruhe der schönsten Parks empfindlich stören, jetzt toben auch noch jedes Jahr Horden von Marathonläufern durch die Großstädte der westlichen Welt.

Die Relation von Zuschauern zu Läufern spiegelt sehr gut die wahren Verhältnisse. Die Bewegungsbilanz der Bevölkerung ist nämlich negativ. Mindestens 80 Prozent der Erwachsenen bewegen sich nicht genug.

Jetzt höre ich schon den Chor meiner Kritiker: »Aber Sie loben doch die Faulheit. Da sehen Sie sie.«

Ich liebe solche Einwände, weil sie mir Gelegenheit geben, positive von negativer Faulheit zu unterscheiden. Wer richtig faul ist, macht nur so viel wie unbedingt nötig, nicht mehr, aber auch nicht weniger. Weniger wäre selbstschädigend, mehr nichts als blinder Aktionismus.

Das Thema Fitness dient mir als Beispiel für meinen Begriff von Faulheit. Eiserne Disziplin und Trainingseifer beeinträchtigen die Gesundheit. Die Zahl der jährlichen Sportunfälle übersteigt eine Million.

Ich befürworte die Fitness für Faule. Im Moment haben wir auf der einen Seite ein paar keuchende ExtremsportlerInnen, die von den Medien ins Scheinwerferlicht gerückt werden, auf der anderen Seite im Schatten die schweigende, regungslose Mehrheit.

Von einem Fitnesstraining für Faule würden nicht nur Einzelne profitieren. Es ist ein praktikables Programm, das keinen überfordert, überall ohne Hilfsmittel möglich ist, nichts kostet und keine Verletzungen verursacht. Anders als der Leistungssport fördert es die Gesundheit, die Leistungsfähigkeit und Fitness. Die meisten könnten ein Leben lang beweglich, kräftig und ausdauernd bleiben.

Laotse oder die Kunst des Nicht-Tuns

Wenn man sich der positiven Faulheit verschreibt, hat man einige der größten Denker der Menschheit auf seiner Seite. Am interessantesten scheint mir das Konzept des Taoismus. (Wenn Sie wollen, können Sie auch Daoismus sagen. Ich werde im Folgenden von Laotse und dem Tao te king sprechen. Mir ist aber Laozi, Lao-tzu und Tao te ching und Daodejing ebenso recht. Welche Schreibweisen aktuell sind, wenn Sie dieses Buch lesen, weiß ich nicht. Im Moment ändert sich die Rechtschreibung alle drei Tage. Taoisten ist das egal. Das Wesentliche hat sowieso keinen Namen.)

»Das Tao handelt nicht und doch bleibt nichts ungetan« heißt es im 37. Kapitel des Tao te King. (Im Internet habe ich 24 Übersetzungen dieses Textes gefunden. Diese gehört meiner Meinung nach zu den Besten. Falls es in Ihrer Ausgabe des Tao te king anders steht, bitte nicht nervös werden. Ich versuche, in diesem Buch alles so einfach wie möglich zu sagen. In Wirklichkeit sind die Dinge viel komplexer – oder auch nicht. Alles Ansichtssache.)

Das Prinzip des Nicht-Handelns durchzieht das gesamte Tao te king. Es ist eine wunderbar entspannte Philosophie. Sie streitet nicht, sie missioniert nicht. Sie geht ruhig und unerschütterbar ihren eigenen Weg.

Da das Tao nicht handelt und trotzdem (oder gerade deswegen) alles in vollkommener Harmonie zustande bringt, folgen die Weisen diesem Vorbild. Nicht-Tun bedeutet nicht Nichtstun. Gemeint ist vielmehr ein anstrengungsloses Handeln, frei von

Eifer und Aktionismus. Zur richtigen Zeit wird das Richtige ohne Überspannung des Willens leicht und mühelos getan. Es braucht innere Ruhe, um diesen Zeitpunkt zu erkennen. Keine Hektik, kein unnötiges Eingreifen, den Dingen ihren Lauf lassen: Das umschreibt die Überzeugung der Taoisten. Es gibt keinen Grund, um des Handelns willen zu handeln. Wie das Wasser nimmt man den Weg des geringsten Widerstands und ist doch unaufhaltsam.

Nichts von Bedeutung bleibt ungetan. Aber was ist schon bedeutend?

Laotse gilt als Begründer des Taoismus. Es ist jedoch umstritten, ob er überhaupt gelebt hat, und wenn, ob er der Urheber dieser Philosophie ist oder mündlich überlieferte Grundsätze einfach nur aufgeschrieben hat. Letztlich verlieren sich die Wurzeln des Taoismus in grauer Vorzeit. Das hat seinen eigenen Reiz. So sind diese Erkenntnisse keine Modeerscheinung, sondern zeitlos.

In der westlichen Welt mühen sich viele, als Urheber bestimmter Gedanken zu gelten und Originalität für sich in Anspruch zu nehmen. Im Grunde bleiben die Fragen und Antworten der Menschen jedoch stets dieselben. Der Rest ist nur Formulierung, siehe die 24 deutschen Übersetzungen des Tao te king. (Im Inhaltsverzeichnis → Laotse, Tao te king finden Sie die Internet-Adresse. Sie können jederzeit eine weitere Übertragung hinzufügen, wenn Ihnen danach ist.) Westliche Wissenschaftler gefallen sich darin, endlose Zitatenlisten und Literaturverzeichnisse anzufertigen, als ob Wissen einem Einzelnen zugeordnet und zum Besitz gemacht werden könnte.

Was taoistische Lehrer als Nicht-Tun bezeichnen, nenne ich Faulheit. Nur das Wesentliche zu tun und alles andere zu lassen, sich nicht zu zwingen, sondern dem zu folgen, was sich spontan ergibt: Das macht große Freude.

Auf diese Weise ist auch dieses Buch entstanden. Ich habe dem Verlag die Idee mitgeteilt. Sie gefiel. Binnen einer Woche standen das Konzept, der Titel und das Cover. Normalerweise dauert das alles Monate, wenn nicht Jahre. Das Schreiben bereitete mir keine Mühe. Nebenbei bin ich umgezogen. Und doch war das Manuskript binnen zwei Monaten fertig. Es schrieb sich fast von allein. Disziplin hätte dem Prozess geschadet. Meine Aufgabe war es, mich nicht einzumischen.

Nur das Wesentliche tun und alles andere lassen …

Inspiriert hat mich dabei das Buch »Goal-free living« von Stephen Shapiro. Ziellosigkeit ist zwar eine gewisse Übertreibung. Aber das Prinzip, mit einer Idee zu beginnen und sich dann treiben zu lassen, ermöglicht ein sehr entspanntes Handeln. Man strengt sich nicht an und doch formt sich das Werk, und zwar noch besser, als man es ursprünglich geplant hatte. Ich bin sicher, dass viele LeserInnen die Gelassenheit, die dem Buchkonzept innewohnt, spüren und auch die Freude empfinden, die mit positiver Faulheit verbunden ist.

Der Buddha nannte es Meditation

Eine andere Form des produktiven Nichts-Tuns ist die Meditation. Sie kann von jedem praktiziert werden. Meditative Übungen sind keiner bestimmten Religion zuzuordnen, auch wenn die meisten sie in einem Yoga-Kurs oder einem buddhistischen Zentrum lernen. Zu lernen gibt es dabei eigentlich wenig. Man sucht sich einfach ein Meditationsobjekt, zum Beispiel den Atem, und konzentriert sich darauf. Wenn man abschweift, kehrt man dahin zurück. Das ist alles. Man kann dabei nichts falsch machen. Der einzig mögliche Fehler besteht darin, nicht zu meditieren.

Allerdings missverstehen viele, was es bedeutet, sich zu konzentrieren. Damit ist nicht gemeint, sich zu verkrampfen. Man entspannt sich und achtet auf den Atem. Man spürt das Einatmen, das Ausatmen und die Pausen zwischen den beiden Atemphasen. Das Atmen geschieht ohne das eigene Zutun. Man beobachtet es ohne Anstrengung.

In unserer Leistungsgesellschaft haben die meisten verlernt, sich mühelos zu konzentrieren. »Streng dich an! Konzentrier dich!« bekommen viele von ihren Eltern und Lehrern zu hören, als ob dies zusammengehören würde. Dabei ist Konzentration eine Funktion des Geistes und dieser »arbeitet« ohne Anspannung. Das Gehirn besitzt keine Muskeln. Deshalb sind Ausdrücke wie »Willensstärke«, »den Willen anspannen« oder »Willensanstrengung« schon vom Ansatz her verfehlt.

Nur in Notsituationen, wenn es gilt, einen Angriff oder eine Flucht vorzubereiten, verengt sich die Konzentration auf einen einzigen Punkt, und die Muskeln spannen sich an. Für viele ist eine derartige Krisenreaktion leider zum Normalfall geworden. Die Folge sind chronische Erschöpfungszustände, psychische und körperliche Zusammenbrüche sowie andere durch Dauerstress hervorgerufene Krankheiten.

Beim Meditieren ist es erlaubt, neben dem Meditationsobjekt noch Anderes wahrzunehmen. Der Fokus der Aufmerksamkeit bleibt weit offen. Nur so ist es möglich, entspannt zu bleiben oder überhaupt erst Entspannung zu erfahren.

Herbert Benson, ein amerikanischer Arzt, der unter anderem an der Harvard Medical School lehrte und das Mind/Body Medical Institute in Boston gründete, hat schon vor etwa 40 Jahren herausgefunden, dass es nicht nur eine Stress-, sondern auch eine Entspannungsreaktion gibt, die durch Meditation ausgelöst werden kann. Er hat dabei den Nachweis geführt, dass meditative Entspannung nicht an bestimmte religiöse Rituale gebunden ist. Für diejenigen, die Angst vor irgendwelchen Gurus und fremdartigen, esoterischen Bräuchen haben, ist das eine gute Nachricht.

Benson musste erheblich kämpfen, um die Schließung seines Instituts seitens der Universitätsleitung zu verhindern. Sie war einseitig somatisch orientiert und hatte wenig Verständnis für die wohltuenden, gesundheitsfördernden körperlichen Wirkungen rein geistiger Vorgänge. Obwohl die Körper-Geist-Medizin – bei uns eher als Psychosomatik bekannt – seitdem an Boden gewonnen hat, schreiben zahlreiche ÄrztInnen und PatientInnen immer noch ausschließlich Pillen und Operationen Heilwirkungen zu. Dass der Geist mittels Gedanken und Gefühlen ebenso krank wie gesund machen kann, passt nicht in ihr materielles Weltbild. Wären die Mediziner nicht so eifrig mit Operieren und Pillenverschreiben beschäftigt, sondern fauler in dem Sinne, dass sie präventiv tätig würden, ginge es vielen Menschen besser. Ich werde auf dieses Thema zurückkommen.

Bleiben wir bei der Meditation. Ihre positive, heilende Wirkung auf Körper, Geist und Seele beruht vor allem auf Entspannung. Stressbedingte Krankheiten bessern sich oder klingen ganz ab. Der Abstand zu den alltäglichen Sorgen, Ängsten, Frustrationen und Ärgernissen erlaubt dem Organismus zu regenerieren.

Erholung, Muße, freie Zeit: Das hört sich für manche wie eine Erinnerung an ferne Zeiten an. Die zunehmende Beschleunigung erschwert es, mal abzuschalten und eine Zeit lang überhaupt nichts zu tun. Man hat das Gefühl, andauernd eingreifen und etwas regeln zu müssen.

Deshalb wird Meditation von Anfängern so betrachtet, als müsste dabei ebenfalls etwas geleistet werden, als dürfe man nichts falsch machen. Manche missbrauchen Meditation sogar, um noch das Letzte aus sich herauszukitzeln. Die Leistungsmentalität macht vor nichts Halt.

Vielleicht ist es hilfreich, sich in diesem Zusammenhang die Lebensgeschichte des Buddha klar zu machen. Siddhartha Gautama war der Sohn eines Königs. Er besaß als Kind alles, wonach sich viele sehnen. Aber er war nicht glücklich. Heute würde man ihn wahrscheinlich als depressiv bezeichnen. Er litt darunter, dass der Luxus ihn nicht vor Alter, Krankheit und Tod schützen konnte. Er wusste nicht, wer er war, woher er kam, wozu er lebte und wohin er wollte. Mit anderen Worten: Er hatte keine Antworten auf die Grundfragen des Lebens. Die

Annehmlichkeiten am Königshof, seine hervorragende Ausbildung, die Aussicht auf die Nachfolge seines Vaters heiterten ihn nicht auf.

So beschloss er, sich vom Leben eines verwöhnten Prinzen und von seiner Familie zu lösen. Er lernte zu meditieren und seinen Geist auf eine Weise zu gebrauchen, die ihn von seinem Leiden befreite.

Wenn man seine Lehrreden liest, ist man erstaunt, welche ausgezeichneten psychologischen Kenntnisse und Fähigkeiten der Buddha erworben hatte. Sie übertreffen mit Leichtigkeit die gegenwärtige, moderne, westliche, wissenschaftliche Psychologie. Die meisten Professoren dieser Fachrichtung sind reine Theoretiker. Sie leiden unter den gleichen Problemen wie alle anderen. Ihnen gegenüber war der Buddha ein Mensch, der seine Lehre lebte. Er praktizierte den Weg, der vom Leiden befreit. Besonders dieser Umstand dürfte der Grund für die große Anziehungskraft sein, die er auf andere ausübte. Worte lehren, Beispiele reißen mit, wie man sagt.

Trotz der Tatsache, dass Siddhartha Gautama einer der größten Lehrer der Menschheitsgeschichte war, muss er nach den Maßstäben unserer Leistungsgesellschaft als ausgesprochen faul gelten. Große Teile des Tages im Schatten hoher Bäume meditierend zu verbringen, dabei einen zufriedenen Gesichtsausdruck zu machen, im herkömmlichen Sinne nicht zu arbeiten (er hielt ab und zu Lehrreden), nahezu besitzlos zu sein und sich das Essen zu erbetteln: Das geht zu weit! Die Arbeitsagenturen unseres Landes würden ihm die Hartz IV-Hilfe mit Sicherheit verweigern.

Ein Leser meines Buchs »Der Buddha hatte Zeit« meinte zu dessen Lebensgeschichte: Siddhartha sei als Prinz verpflichtet gewesen, die Regierung seines Landes zu übernehmen. Stattdessen habe er sich vor seiner Verantwortung gedrückt und vom Betteln gelebt. Wie daraus eine Religion habe entstehen können, sei ihm vollkommen unverständlich. Als Unternehmer müsse er seine Kunden möglichst schnell bedienen. Sonst sei er in kürzester Zeit pleite. Dann hätte er zwar die ihm fehlende Zeit, aber er würde sich im Gegensatz zum Buddha lieber der Verantwortung für sein Leben, sein Geschäft, seine Frau und seine Mitarbeiter stellen.

Indem der Buddha so »faul« war, veränderte er die Welt.

Was soll man dazu sagen? Dem Buddha war klar, dass er nicht jedem helfen konnte. Nach seiner Erleuchtung hatte er sich ernsthaft gefragt, ob es sich überhaupt lohne, anderen seine Erfahrungen zu vermitteln. Wer würde ihn verstehen? Nach reiflicher Überlegung kam er jedoch zu dem Ergebnis, dass er einige, die so wie er auf der Suche nach Befreiung vom allgegenwärtigen Leiden seien, unterstützen könne, es ihm gleich zu tun.

Aus einigen sind Millionen geworden. Seine Lehre findet noch heute, 2.500 Jahre später, weltweit täglich neue Anhänger. Wäre er seiner »Verantwortung für seine Familie und sein Volk« nachgekommen, wäre Siddhartha ein unbedeutender kleiner Herrscher am Fuße des Himalaya geworden, so namenlos wie die meisten Herzöge und Grafen in Mitteleuropa. Er hätte schon fleißig Krieg gegen die Nachbarstaaten führen müssen, um als König wenigstens für die Historiker ein bisschen interessant und erinnerungswürdig zu werden.

Das wollte er nicht. Der Buddha fand inneren Frieden und ein tiefes, anhaltendes Glück, das den meisten Unternehmern, Kaufleuten und Staatspräsidenten bis heute verschlossen bleibt. Indem er so ausgeglichen und zufrieden wirkte, fiel er anderen positiv auf. Sie wollten wissen, wie es ihm gelungen war, sich für immer vom Stress zu befreien, obwohl er doch im Prinzip den gleichen Problemen ausgesetzt war wie sie.

Im Übrigen konnte der Buddha sicher sein, dass seine Familie nach seinem Weggang nicht in materielle Not fallen und ein anderer – sein Name ist nicht überliefert – die Nachfolge seines Vaters antreten würde. Sein Sohn und weitere Familienmitglieder wurden nach seiner Erleuchtung Anhänger seiner Lehre und lebten freiwillig lieber in der Gemeinschaft der Mönche und Nonnen als am Königshof.

Der Buddha übernahm – wenn man so will – nicht nur Verantwortung für sein kleines Volk, sondern für die gesamte Menschheit. Er engagierte sich für die Überwindung des Leidens aller und ging mit bestem Beispiel voran. Er investierte in ein Gefühl, das die meisten nur für kurze Momente kennen: Zufriedenheit.

Was Sie in diesem Buch sonst noch erwartet

Falls Sie erwägen, in Zukunft ein fauleres Leben zu führen, wissen Sie nun, dass Sie sich dann in allerbester Gesellschaft befinden. Laotse und der Buddha: Man könnte es schlechter treffen!

Außerdem ist Ihnen hoffentlich klar geworden, dass man weder bluten noch schwitzen muss, um fit zu sein. »Fitness für Faule« ist aber nur ein erstes Beispiel dafür, dass man mit wenig Aufwand viel erreichen kann. Was ist mit Faulheit anstelle von Disziplin und Arbeitseifer noch möglich?

Wir werden sehen. Machen Sie sich auf einige Überraschungen gefasst.

Ist Fleiß vielleicht gar keine Tugend, sondern eine Sünde? Leben wir in einem Jammertal, ohne Aussicht auf Frieden, Glück und allgemeinen Wohlstand? Ist die Erde womöglich ein Strafplanet? Brauchen wir mehr Disziplin? Oder ist sie die Wurzel allen Übels?

Darf Arbeit sinnvoll sein? Sonn- und Feiertagsarbeit nimmt ständig zu. Wie lange wird es dauern, bis wir alle täglich rund um die Uhr arbeiten?

Ist dieses Buch die reinste Gehirnwäsche oder der Versuch, diese endlich zu beenden? Wie viele Menschen sind bereits an Überarbeitung gestorben? Und wie viele an Faulheit?

Brauchen wir ein neues Bild des Menschen, des Lebens und der Welt? Gibt es zu Fleiß und Disziplin Alternativen? Welche drei Voraussetzungen müssen erfüllt sein, um glücklich zu sein? Gehören Disziplin und Arbeitseifer dazu?

Was würde passieren, wenn wir alle faul wären? Und zum Schluss die Frage aller Fragen: Wie wird man richtig faul?

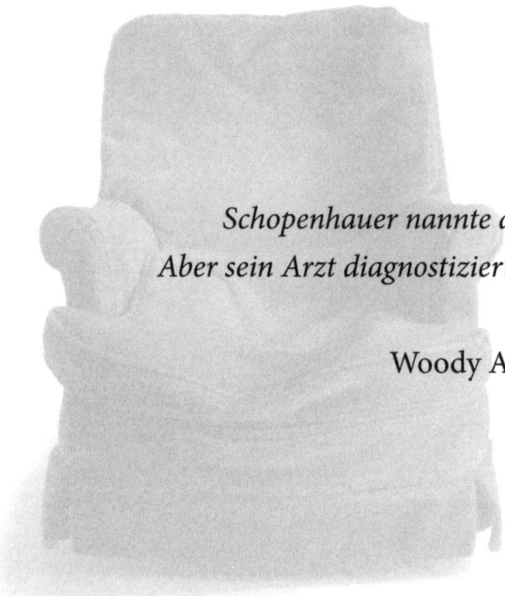

Schopenhauer nannte dies den »Willen«.
Aber sein Arzt diagnostizierte es als Heuschnupfen.

Woody Allen

Disziplin?
Nein, danke!

Nichts als Mythen

Disziplin genießt immer noch einen guten Ruf. Ganz zu Unrecht; denn an ihr ist nichts, das sich zu bewahren lohnte. Sehen wir uns zunächst an, was Disziplin bedeutet.

Im ›Wörterbuch der deutschen Sprache‹ von Wahrig finden wir folgende Definitionen: »Zucht, Ordnung, Einordnung, Unterordnung«. Stehende Redewendungen sind: »Disziplin halten«, »die Disziplin wahren«, »eiserne, strenge Disziplin«, »jemanden, sich an Disziplin gewöhnen«, »für Disziplin sorgen«.

Und was heißt Zucht? »Erziehung zum Gehorsam«. Als Synonym für Disziplin finden wir den Begriff in Redewendungen wie »Zucht halten«, »jemanden an Zucht gewöhnen«, »hier herrscht Zucht und Ordnung«. Bis 1969 gab es noch das »Zuchthaus«, eine Strafanstalt für Schwerverbrecher.

Diese Definitionen und Redewendungen verheißen nichts Gutes. Wo Zucht und Ordnung herrschen, ist es mit dem Spaß vorbei. Gehorsam und Unterordnung galten in früheren Jahrhunderten als Erziehungsziele. Was mit »gehorsam« gemeint ist, auch daran lässt Wahrigs Wörterbuch keinen Zweifel: »willig, gehorchend, folgsam, fügsam« (»den Eltern gehorsam sein«, »Ihr gehorsamster Diener!«).

Disziplin, Zucht und Ordnung sowie Gehorsam standen in allen Bereichen des Lebens, besonders in der Familie, in der Schule, in den Betrieben und beim Militär hoch im Kurs. Bis 1989 hatte es die Demokratie in Deutschland schwer. Kaiser und Diktatoren regierten das Volk. In den Familien herrschte der Patriarch. Die

Untertanen wurden zum Gehorsam erzogen. Es herrschte eiserne Disziplin. Wenn jemand nicht spurte, wurde für Ordnung gesorgt. Wer völlig auf die schiefe Bahn geriet, kam ins Zuchthaus.

Juristisch gesehen waren Schule, Militär und Familie bis in die jüngste Vergangenheit »besondere Gewaltverhältnisse«. Befehl und Gehorsam kennzeichneten den Umgang in einer undemokratischen Gesellschaft. Disziplin wurde, wenn es sein musste (und es musste oft sein!), mit Gewalt erzwungen. Für Schüler, Soldaten und Kinder gab es nur begrenzten Rechtsschutz.

Auch die katholische Kirche beschwört die Ideale von Disziplin, Zucht, Ordnung und Gehorsam. Man vergisst leicht, dass die katholische Kirche bis heute eine straff geführte Organisation mit einem unfehlbaren Papst an der Spitze ist. Ein besonderes Kirchenrecht bewahrt sie vor allzu demokratischen Regelungen. Die Erziehungsanstalten lagen oftmals in den Händen von Priestern. So schließt sich der Kreis. Noch immer schreiben katholische Theologen Lobeshymnen auf die Disziplin.

Machtmissbrauch ist für undemokratische Verhältnisse wesenseigen. Macht korrumpiert. Absolute Macht korrumpiert absolut. Deshalb muss Macht geteilt werden. In einer demokratischen Gesellschaft müssen Über- und Unterordnungen gerechtfertigt werden und dürfen keinesfalls den Normalfall darstellen. Vielmehr sind Gleichberechtigung und Dialog für Demokratien typisch. So gesehen können Disziplin und Gehorsam nicht die Grundlagen eines demokratisch verfassten Staates und seiner Institutionen sein.

Nachdem das Volk 1989 die letzte Diktatur auf deutschem Boden gestürzt hat, sind äußerlich die Voraussetzungen geschaffen, auf zuchthausähnliche Verhältnisse zu verzichten. Leider ist der Demokratisierungprozess damit nicht abgeschlossen; denn jeder, der einmal eine Diktatur erlebt hat, sei es im Staat, im Militär, in der Kirche, Familie oder Schule, hat diese zumindest teilweise verinnerlicht.

Die inneren Gewaltherrscher verschwinden nicht automatisch mit den äußeren. Deshalb ist es notwendig, sich von ihnen ebenfalls zu befreien. Warum sollte man um Himmels willen Selbstdisziplin lernen? Um sich selbst zu knechten? Um sich an Zucht und Ordnung zu gewöhnen? Ein folgsamer Untertan zu werden? Es wäre doch absurd, wollte man einen Teil von sich zu seinem gehorsamsten Diener machen, während ein anderer wie ein Despot regierte. In diesem Fall würde im Innersten die Diktatur weiterleben.

Disziplin lässt sich nicht positiv umdeuten. Sie ist aufs engste mit einer Erfahrungs- und Erlebniswelt verbunden, die zum Glück als weitgehend überwunden gelten kann. Niemand braucht sie. Motivation, innerer Dialog, Selbstermutigung und ähnliche Konzepte können die Disziplin ersetzen. Wer die neuen Formen des Umgangs mit sich selbst nicht kennt, neigt leider dazu, quasi selbst mit dem Rohrstock hinter sich zu stehen, sich mit Einschüchterung und schlechtem Gewissen zu manipulieren oder sich jemand zu suchen, der ihm in den Allerwertesten tritt.

Dass Disziplin ein Wert sei, gar ein hoher, ist nichts weiter als ein Mythos. Nichts daran ist gut. Wo der eiserne Wille bemüht wird, sucht der Spaß das Weite. Das Leben wird grau und freudlos. Die Anhänger der Disziplin reden in diesem Zusammenhang gern vom Ernst des Lebens. Das passt. Sie betonen gerne die Pflichten (weniger die Rechte), schwärmen von den Zeiten als noch Zucht und Ordnung herrschten (dass Diktatur, Krieg und Kadavergehorsam damit Hand in Hand gingen, wird geflissentlich verschwiegen) und beklagen den Untergang von Kultur und Zivilisation (als ob davon in der Vergangenheit immer die Rede sein könnte).

Sie sagen Disziplin und meinen Unterwerfung und Fremdbestimmung. Es gab einen Bundeskanzler, der von seinen Parteifreunden mehr Solidarität in Fragen der militärischen Aufrüstung forderte. Was dieser Bundeskanzler von seiner Partei wirklich verlangte, war Gehorsam. Sie sollte ihm treu ergeben folgen. Wenn sogar ein gebildeter Mensch Gehorsam mit Solidarität verwechselt, braucht man sich nicht zu wundern, dass auch der Begriff Disziplin so oft verschleiernd verwendet wird.

Es ist notwendig, sich von den inneren Gewaltherrschern zu befreien.

Fehlt es Menschen, die keine Disziplin haben, an Charakter? Diese oft diskutierte Frage kennt nur eine richtige Antwort: Nein, im Gegenteil! Wer für Demokratie, Selbstbestimmung, Gewaltfreiheit und Dialog eintritt, verdient höchste Anerkennung, selbst wenn die Auflehnung gegen Disziplin mitunter nur einem Reflex und keiner bewussten Haltung entspringt.

Selbstverständlich ist nicht jeder, der für Disziplin eintritt, ein Verfechter von Diktaturen. Manche glauben – unter Verkennung ihrer wahren Bedeutung –, dass man sie benötige, um Dinge zu erledigen, die einem keinen Spaß machen. Sie verstehen Disziplin als (Selbst)Kontrolle bzw. (Selbst)Beherrschung.

Dazu gibt es zweierlei zu sagen: Erstens bezeichnen auch Kontrolle und Beherrschung nicht unbedingt etwas Gutes. »Kontrolle« bedeutet Überwachung, Aufsicht und sogar Gewalt, wie etwa in der Redewendung »die Kontrolle über etwas verlieren«, zum Beispiel über ein Auto. Auf was für eine Einstellung weist es hin, wenn man von Aufsicht und Überwachung spricht? »Beherrschen« ist keinen Deut besser: Es heißt über jemanden oder etwas herrschen, Macht haben, regieren, etwas in der Gewalt haben, zügeln. Ist denjenigen, die von kontrollieren und beherrschen sprechen, eigentlich bewusst, wofür sie sich damit aussprechen? Was ist das für ein Umgang mit sich und anderen?

Zweitens ist die Überbetonung von Pflicht und Disziplin falsch. Mit Zwang und Kontrolle ist auf Dauer niemandem gedient. Vielleicht möchten Sie einwenden: Aber was ist mit den Tausenden Krankenschwestern und Feuerwehrleuten, die täglich ihre Pflicht tun, diszipliniert arbeiten und anderen auf diese Weise aufopferungsvoll helfen? Ich bin da anderer Meinung. Ich glaube, dass es manchen Menschen Spaß macht, Kranke zu pflegen und Gefährdete aus dem Feuer zu retten. Sie leisten eine sinnvolle Arbeit, die zutiefst befriedigen kann. Wenn sie jemandem keinen Spaß macht, sollte dieser den Beruf wechseln; denn wer nur aus Pflichtgefühl und Disziplin diese Aufgaben erfüllt, tut sich und anderen keinen wirklichen Gefallen. Hilfsbedürftige Menschen oder solche in Not haben mehr verdient als seelenlose Pflichterfüllung, und ich bin überzeugt, dass die meisten, die in diesen Berufen arbeiten, ihre Tätigkeiten wirklich gern machen.

Disziplin verleitet dazu, Dinge zu tun, die man besser lassen sollte.

Menschen, die davon sprechen, dass sie gelernt hätten, sich diszipliniert zu verhalten, beispielsweise pünktlich zu Verabredungen zu erscheinen, meinen ebenfalls etwas Anderes. Sie haben verstanden, dass es sinnvoll ist, sich an Termine zu halten. Es entspricht den Geboten von Höflichkeit und Respekt, dass man andere nicht warten lässt. Sie wissen, dass bestimmte Arbeitsabläufe davon abhängen, dass jeder zur festgesetzten Zeit seinen Beitrag leistet. Deshalb organisieren sie sich und ihren Tagesablauf so, dass sie zur vereinbarten Minute erscheinen. Ihre Pünktlichkeit ist freiwillig. Sie beruht auf Einsicht und Selbstmotivation. Mit Disziplin hat dies nichts zu tun.

Wenn Disziplin und Arbeitseifer zusammentreffen, kann dies eine verheerende Verbindung ergeben; denn Disziplin verleitet dazu, Dinge zu tun, die man besser lassen sollte.
Und das Problem mit Arbeitseifer ist, dass er dazu verleitet, mehr zu tun, als gut ist. In Kombination heißt das: das Falsche tun, und das auch noch mit Volldampf.

Triumph des Willens: die dunkle Seite der Disziplin

Man hört, dass Disziplin immer wieder missbraucht wurde, zum Beispiel von den Nazis. Das stimmt nicht. Disziplin ist ihrem Wesen nach auf Unterwerfung gerichtet. So wie man von einer Diktatur nicht sagen kann, sie sei leider missbraucht worden, ist es bei der Disziplin ausgeschlossen, sie in einem positiven Licht zu sehen.

Wenn ich in der Überschrift von der dunklen Seite der Disziplin spreche, ist das eigentlich eine Tautologie; denn man kann sie drehen, wie man will: Sie ist in jeder Hinsicht negativ. Disziplin wird jedoch häufig mit Willensstärke in einem Atemzug genannt. Beide bilden eine Art Zwillingspaar.
Faulen Menschen wird vorgeworfen, sie hätten keine Disziplin und ihr Wille sei schwach. Deshalb möchte ich untersuchen, ob Willensstärke erstrebenswert ist.

Es ist fraglich, ob der Wille stark bzw. schwach sein kann. Das hängt von der Definition ab. Sieht man ihn als die Fähigkeit, sich für eine bestimmte Handlung zu entscheiden, macht die Vorstellung von Stärke wenig Sinn. Fähigkeiten sind vorhanden oder nicht. Sie stellen ein Potenzial dar. Beispielsweise haben Vögel die Fähigkeit zu fliegen, Menschen ohne Hilfsmittel nicht. Von Fähigkeiten, soweit vorhanden, kann man Gebrauch machen oder nicht. Mit Stärke hat das alles nichts zu tun.

Soweit Menschen geistig gesund sind, haben sie einen Willen. Ob sie ihn gebrauchen, hängt von ihrer Motivation ab. Wenn sie einen guten Grund zum Handeln haben, werden sie es tun.

Sonst nicht. Keine Spur von Stärke oder Schwäche. Der Begriff »Willensstärke« suggeriert einen Sachverhalt, der nicht vorhanden ist.

Der Wille wird oft mit einem Muskel verglichen. Man könne ihn angeblich trainieren. Von dieser Analogie leitet sich ab, dass man den Willen anspannen oder anstrengen könne. Der Vergleich ist jedoch irreführend. Muskeln sind der physischen Welt zuzuordnen. In dieser sind Kraft und Energie die Mittel, um etwas zu bewegen. Der Wille gehört dagegen der geistigen Welt an. Kraft und Energie spielen hier keine Rolle. In ihr kommt es auf Bewusstheit, Motivation, Vorstellungsvermögen und Ähnliches an. Davon wird der Wille bestimmt, nicht von Stärke.

Mit dem Willen verbindet sich ein weiterer Irrtum. Es wird behauptet, man könne gegen seinen Willen handeln. Das stimmt nicht; denn egal wie man sich entscheidet und aus welchen Motiven: Es bleibt doch immer eine Wahl zwischen mehreren Möglichkeiten. Wer mit vorgehaltener Waffe gezwungen wird, etwas zu tun, macht immer noch von seiner Fähigkeit Gebrauch, sich zu entscheiden. Lediglich die Auswahl an möglichen Handlungen ist extrem eingeschränkt. Erst wenn jemand mit Gewalt festgehalten oder weggetragen wird, endet der Wille. Dann gibt es nichts mehr zu entscheiden. Allerdings stehen selbst in diesem Fall noch Entscheidungen bezüglich der Gedanken und Gefühle offen. Man kann mental und emotional immer noch so oder so reagieren. Nur die Handlungsfreiheit ist begrenzt.

In jeder Situation kann man den Willen vergegenwärtigen und in voller Klarheit ausüben. Welche Möglichkeiten sehe ich hier?

Wie denke ich darüber? Wie möchte ich mich fühlen? Was werde ich tun? Wer von seinen Wahlmöglichkeiten Gebrauch macht, besitzt in den Augen der anderen einen starken Willen. In Wirklichkeit ist derjenige sehr bewusst.

Einige glauben, wenn sie einer Versuchung widerstehen oder an einer einmal getroffenen Entscheidung gegen alle Widerstände festhalten, sei dies ein Zeichen ihres starken Willens. Tatsächlich handelt es sich um ein Kalkül. Sie ziehen das Eine dem Anderen vor. Der Versuchung nachzugeben ist – warum auch immer – nicht verlockend genug. Bei einer getroffenen Entscheidung zu bleiben, genießt offensichtlich Priorität. Nicht mehr und nicht weniger.

Faule sind keineswegs willensschwach. Sie machen von ihren wahrgenommenen Entscheidungsmöglichkeiten genauso Gebrauch wie alle anderen. Oft gefällt anderen nur nicht, wie die Müßiggänger sich entscheiden. Umgekehrt sind fleißige, disziplinierte Menschen nicht willensstark. Sie bilden sich nur etwas darauf ein, dass sie sich knechten.

Der »eiserne« Wille mag eine nette Metapher sein. Es steckt bloß nichts dahinter.

Und der »Triumph des Willens«? Das war von den Nazis nur ein Ausdruck ihrer raffinierten Propaganda und ihrer Entschlossenheit, die Welt zu erobern. Der Triumph war kurzlebig. Er endete bekanntlich mit dem Zusammenbruch des Deutschen Reichs.

Dass der Wille keine Stärke voraussetzt, aber Kraft erzeugen kann, belegt das folgende Beispiel sehr eindrucksvoll. Viktor E.

Frankl, ein jüdischer Wiener Arzt, der verschiedene Konzentrationslager überlebte, hat über seine Erfahrungen das bewegende Buch »... trotzdem Ja zum Leben sagen« geschrieben. Darin schildert er mehrere psychologische Faktoren, die ihm geholfen haben, den Terror zu überstehen.

Frankl ist der festen Überzeugung, dass der Mensch in allen Lagen die innere Freiheit besitzt, so oder anders zu reagieren. Nicht allein die Verhältnisse bestimmen die Gefühle und das Verhalten. Die Gedanken bleiben frei und damit auch die inneren und äußeren Reaktionen.

Frankl hebt hervor, dass ihm die Vorstellung, später in einem Vorlesungssaal über seine Erlebnisse zu berichten, die Kraft gegeben habe, den schrecklichen Umständen zu trotzen. Die Vision einer lebenswerten Zukunft habe ihn am Leben gehalten.

Wer Visionen hat, muss also nicht zwangsläufig zum Arzt gehen. Im Gegenteil: Es ist vielfach belegt, dass Vorstellungsübungen starke Heilwirkungen haben und sogar Leben retten können, wie Frankls Biographie zeigt.

Faule sind keineswegs willensschwach.

Nicht schier übermenschliche Willensanstrengung ermöglichte Viktor E. Frankl das Überleben, sondern ein erfreuliches Bild der Zukunft. Es half ihm, sich auszumalen, später an einer Hochschule Vorlesungen über seine Leidenszeit sowie die psychologischen Voraussetzungen der Widerstandskraft zu halten. Tatsächlich bekam er 1955 von der Universität Wien den Professorentitel und begeisterte mit seinen Vorlesungen überall in der Welt seine ZuhörerInnen.

Der eiserne Wille der Nazis brachte nichts als Terror und millionenfachen Mord. Die Vision einer lebenswerten Zukunft, ohne jede Anspannung oder Verkrampfung, vollbringt dagegen – nicht nur bei Viktor E. Frankl – wahre Wunder. Glauben Sie immer noch an Disziplin und Willensstärke?

Im Stechschritt ... Marsch!

Preußen kann man nicht ohne Soldaten und Krieg denken. Natürlich gibt es immer einige, die solchen Staaten etwas abgewinnen wollen. Das gilt sogar für den Nazi-Staat. Aber wer auf falsche Glorifizierungen verzichten kann und sich über die Geschichte als eine Abfolge grausamer Kriege nicht sonderlich freut, wird an Preußen keinen Gefallen finden.

Das Markenzeichen Preußens war seine Armee und das Markenzeichen dieser der Stechschritt. Eigentlich heißt der Stechschritt nämlich preußischer Paradeschritt. Falls Sie nicht wissen, wie er aussieht, geben Sie einfach bei YouTube das Stichwort »Stechschritt« ein. Lohnt sich wirklich!

Der Paradeschritt wurde Anfang des 19. Jahrhunderts durch das preußische Exerzier-Reglement eingeführt und ist laut Wikipedia eine »Demonstration absoluter Disziplin«.

Mehr wollten wir eigentlich gar nicht wissen. Disziplin und Stechschritt: Das passt. Raten Sie mal, wer den preußischen Paradeschritt begeistert übernommen hat. Die russischen Zaren, später Stalin und seine Nachfolger, die deutsche Wehrmacht unter Hitler und die Diktatoren in China, Nordkorea und Weißrussland.

Die deutsche Wehrmacht war im Kern eine preußische Armee. Preußen stellte den größten Bundesstaat im deutschen Reich und bestimmte weitgehend dessen Politik. Der preußische Militärstaat ist 1945 zusammengebrochen. Aber der Stechschritt hat noch fast fünfzig Jahre in der DDR überlebt. Diktatoren lieben derartige Demonstrationen absoluter Disziplin. Deshalb ist es keine Überraschung, dass die Herrscher in der DDR diese spezielle preußische Militärtradition pflegten.

Heute gehört Preußen zum kollektiv Unbewussten in Deutschland. Obwohl es Mitteleuropa über Jahrhunderte prägte, ist Preußen quasi über Nacht aus dem Bewusstsein der Deutschen verschwunden. Im Prinzip ist das zu begrüßen. Allerdings leben einige preußische Grundsätze fort und sterben erst nach und nach ab. Dazu zählt die Disziplin. Trotz ihrer monströsen Folgen genießt sie bei vielen noch immer einen guten Ruf. Vor allem wenn es um Arbeitsethik geht, wird sie gepriesen. Dabei verursachen Disziplin und Fleiß – wie wir noch sehen werden – nicht nur im militärischen Leben, sondern auch sonst schwere Schäden.

Es wird Zeit, den Stechschritt aus dem Berufsleben zu verbannen.

Alle negativen Erscheinungen, die das Wesen der Disziplin ausmachen, waren in Preußen verwirklicht: Zucht, Ordnung, Einordnung, Unterordnung. Es herrschte eiserne, strenge Disziplin, in den Familien, in den Schulen, in den Fabriken und natürlich im Militär. Die Menschen wurden zu unbedingtem Gehorsam erzogen. Es wurde nicht diskutiert, sondern befohlen. Basta! Preußen war eine einzige, große Kadettenanstalt, ein kollektives Zuchthaus. Disziplin hielt diese Fehlkonstruktion mit Gewalt zusammen – bis zum Zusammenbruch.

Disziplin endet unweigerlich im Zusammenbruch. Diktaturen sind nicht von Dauer und auch Einzelne, deren Leben sich nur auf Disziplin gründet, sind in Gefahr. Sie führen oft ein freudloses, von reiner Pflichterfüllung gekennzeichnetes Leben und zwingen sich so stark in ein eisernes Korsett, dass sie am Ende kaputtgehen. Burn-out nennt man das heute. Der persönliche, totale Zusammenbruch wäre ohne eiserne Disziplin unmöglich. Wer sich über längere Zeit immer wieder zu unmenschlichen Leistungen antreibt, wird Opfer einer tiefen Erschöpfung.

Die Menschmaschine

Das Ideal preußischer Generäle war der Soldat als menschliche Maschine. Sie zogen willfährige Marionetten heran, die sie nach Belieben steuern konnten. Ohne eigenen Willen, ohne Eigeninteressen, opferbereit bis zum Tod.

Ohne sich voll bewusst zu sein, was sie da eigentlich im Sinn haben, streben einige danach, maschinengleich zu funktionieren. Sie möchten mit der Präzision eines Uhrwerks umsetzen können, was sie sich zum Ziel gesetzt haben. Dieser Plan geht selten auf, es sei denn sie wurden ähnlich wie preußische Soldaten abgerichtet (von Erziehung möchte ich in diesem Zusammenhang nicht sprechen).

Bücher über Hypnose verherrlichen bisweilen unreflektiert ein Ideal, das besagt, dass ein Teil des Selbst dem anderen vorschreibt, was gemacht werden soll. Es geht darum, ein Herr-und-Diener-Verhältnis zu etablieren.

Dieses Ideal stammt noch aus vordemokratischen Zeiten. Es wurde verinnerlicht und lebt im kollektiven Bewusstsein fort. Erst in neuerer Zeit wurde es ersetzt durch ein an demokratischen Vorstellungen orientiertes Modell. Seitdem konkurrieren die beiden heftig miteinander.

In einer Demokratie ist anerkannt, dass verschiedene Interessen existieren. Es wird diskutiert, gestritten, bis sich die besseren Argumente durchsetzen – manchmal auch die falschen. In einer Demokratie werden Fehler akzeptiert. Keinem wird der Kopf abgeschlagen, bloß weil er einen Irrtum begangen hat.

Entscheidungen werden in einem langwierigen Prozess optimiert. Das mag mühsam erscheinen, hat sich aber als der bessere Weg herausgestellt.

Auf gleiche Weise gehen gut informierte Menschen mit sich selbst um. Sie wissen, dass sich mehrere Stimmen in ihrem Kopf zu Wort melden, gehört und anerkannt werden wollen. Entscheidungen treffen sie nicht willkürlich, sondern nach eingehender innerer Diskussion und dem Abwägen aller Vor- und Nachteile. Die Emotionen dürfen sich lebhaft beteiligen. Auch die Intuition wird befragt. Entscheidungen, die so zustande kommen, brauchen vielleicht mehr Zeit. Aber es lohnt sich.

Menschen fühlen sich in echten Demokratien (wer braucht Scheindemokratien?) wohl. Sie leiden unter Diktaturen. Deshalb verwundert es nicht, dass diejenigen, die eine »innere« Demokratie praktizieren, gesünder sind als andere, die sich schlecht behandeln, die ihr eigener Diktator geworden sind und sich ständig Disziplin abverlangen.

Dass Diktatoren unfehlbar sind, entspricht deren Selbstbild, jedoch nicht der Wirklichkeit. Sie entscheiden schnell und willkürlich. Das mag im ersten Moment beeindrucken. Sobald die Folgen der spontanen Willkürentscheidungen sichtbar werden, wandelt sich das Bild.

Deshalb ist es wichtig, sich für sein Innenleben, das ich hier als innere Demokratie bezeichnet habe, Zeit zu nehmen. Das ist nicht mit Selbstbespiegelung gleichzusetzen(faszinierend, dass Kritiker sofort abwertende Beurteilungen parat haben), sondern entspricht der menschlichen Natur.

Menschen sind geistige Wesen, keine maschinenähnlichen Kreaturen. Im Moment erleben wir den Übergang von der Industrie- zur Informationsgesellschaft. Dadurch wird sich das Menschenbild verändern.

Als Anfang des 18. Jahrhunderts die Dampfmaschine erfunden wurde, sahen viele darin ein Modell des Menschen. Sie glaubten, dass sich in uns Energien stauten, die sich entladen müssten. Emotionen wie zum Beispiel Ärger ließe uns manchmal »explodieren«, dann nämlich, wenn der Behälter dem inneren Druck nicht mehr standhielte. Das mag erstmal plausibel klingen, ist aber Unsinn. So wenig wie es Blitze schleudernde Götter gibt, so wenig ähneln Menschen Dampfmaschinen.

Die heilsame Wirkung von Meditation und Entspannung …

Autos, Flugzeuge, Industrieroboter sind zweifellos beeindruckende Erfindungen, aber es besteht kein Grund, sich mit diesen zu vergleichen. Leider sind bei vielen Menschen Erwartungen entstanden, die man normalerweise nur an Maschinen richtet. Sie betrachten ihren Körper als mechanischen Apparat und wünschen, dass er »repariert« wird, wenn sich »Verschleiß« zeigt oder »der Motor stottert«. So werden sie Opfer ihrer eigenen Metaphern.

Langsam setzt sich jedoch die Erkenntnis durch, dass wir keine Menschmaschinen sind. »Psychosomatik« lautet auf dem Gebiet der Medizin das Stichwort für diese neue Sichtweise. Die meisten ahnen noch nicht, welche Folgen dies für die Medizin hat. Die Chirurgie ist, so raffiniert sie inzwischen daherkommen mag, trotzdem im Grunde reine Klempnerei. Die Pharmazie versucht, die Chemie des Körpers positiv zu beeinflussen, nimmt dabei aber dessen Vergiftung in Kauf. Ich habe bereits darauf hingewiesen, welch heilsame Wirkung Meditation und Entspannung haben. Die Psychosomatik kennt noch viele weitere Verfahren, die das Konzept der Menschmaschine vollkommen veraltet erscheinen lassen.

Welche Informationen der Mensch erhält und wie er sie verarbeitet, ist für seine Gesundheit und sein Selbstmanagement von größter Bedeutung. Disziplin ist ein – vorsichtig gesagt – suboptimales Prinzip, um mit sich selbst angemessen umzugehen.

Seelenlose Wissenschaft

Die Menschmaschine entspricht dem Weltbild, das die Wissenschaft in den vergangenen drei Jahrhunderten entworfen hatte. Segensreich an der einseitig materialistisch orientierten Forschung und Lehre war, dass sie abergläubische Vorstellungen durch wirklichkeitsgemäße ersetzt hat. Sie sezierte, analysierte und experimentierte. Mit dem Ergebnis, dass wir heute nicht mehr den Donnergott beschwören, sondern einfach Blitzableiter installieren, um nur ein Beispiel zu nennen.

Andererseits wurde dadurch alles, was nicht mit technischen Geräten messbar ist, für nicht-existent erklärt. Für die Psychologie bedeutete dies, dass der Geist mit seinen Gedanken, Erinnerungen und Fantasien zunächst eliminiert wurde, weil nur die äußeren Reize und das Verhalten darauf beobachtbar waren. Psychologen beschrieben mit großem Eifer Reiz-Reaktions-Muster. Solange, bis einige unter ihnen erkannten, dass nicht einmal höher entwickelte Tiere auf denselben Reiz gleich reagieren. Es dauerte alles in allem einige Jahrzehnte, bis sich die Erkenntnis durchsetzte, dass nicht die Umstände die Reaktionen determinieren, sondern innere Faktoren. Man könnte sie zusammenfassend als Geist bezeichnen, wenn dieser Begriff nicht bis heute für viele immer noch ein Unwort wäre.

Die Behavioristen liebten es, mit Tieren zu experimentieren. Es schien ihnen zu gefallen, sie auf vielfältige Art und Weise zu malträtieren. Da sie den Tieren Geist, Gefühle und Seele absprachen, hatten sie praktisch keine moralischen Bedenken, ihren »wissenschaftlichen« Interessen auf Kosten ihrer »Versuchsobjekte« zu frönen. So schön (widerlich) kann objektive Wissenschaft sein!

Die Verhaltensforscher dressierten die ihnen ausgelieferten Tiere, wie es ihnen passte. Sie standen damit in der Tradition autoritärer Pädagogen und Militaristen; denn auch die antidemokratischen Lehrer und Offiziere machten nichts lieber, als ihre Schüler bzw. Soldaten so abzurichten, wie sie es für richtig hielten. In Preußen rekrutierte sich das Heer der Rohrstock-Pädagogen nicht selten aus ehemaligen Soldaten. Was vorher der Exerzierplatz war, wurde nun zum Schulhof.

Ihre Schüler hatten nicht viel zu lachen. Für sie begann mit der Schule der Ernst des Lebens, soweit sie nicht schon in ihren Elternhäusern regelmäßig kräftig durchgeprügelt wurden. Ihnen wurde Zucht und Ordnung, also Disziplin, beigebracht. Man könnte genauso gut sagen, sie wurden für die Zwecke der Generäle und Fabrikherren dressiert.

Auch wenn inzwischen eine gewisse Abkehr von dieser vordemokratischen Pädagogik und objektiven Wissenschaft festzustellen ist, so ist der Kampf noch nicht ausgestanden. Gerade in jüngster Zeit gibt es eine kleine Renaissance der »guten, alten Disziplin«. Ich halte das zwar für Nachhutgefechte, aber man muss die Befürworter solch veralteter Modelle ernst nehmen. Noch sind die Demokratie (in ganz Deutschland erst seit 1990!), die Informationsgesellschaft und die humanistische Pädagogik relativ junge Pflänzchen.

Seit es die neuen, »bildgebenden« Verfahren – wie die potenziell gesundheitsschädigende Röntgen-Technologie heute gerne genannt wird – gibt, erleben wir so etwas wie die Wiedergeburt des Geistes. Die Hirnforscher (immer noch sehr objektiv daherkommend) wagen es, dem Gehirn Fähigkeiten zuzuschreiben, die sie ihm bisher abgesprochen haben. Heute weiß auch der materialistisch denkende Mensch, dass das Gehirn fähig ist, sich ein Leben lang zu entwickeln und bei Bedarf neue Strukturen zu bilden, die ein anderes Denken, Fühlen und Verhalten ermöglichen. Diese Erkenntnis, die jetzt bis in konservative Kreise vorgedrungen ist, bedeutet, dass jeder bis ins hohe Alter lernen, alte Gewohnheiten aufgeben und neue erwerben kann.

Für die Materialisten bleibt jedoch eine Frage weiter ungelöst: Wie bringt das Hirn Geist hervor? Wie schafft ein Zellklumpen es, Intelligenz zu entwickeln?

Ich habe Zweifel, dass die Materialisten es je schaffen werden zu verstehen, was Geist ist. Gedanken, Gefühle, Seele und Intuition werden für sie bis in alle Ewigkeit ein Rätsel bleiben, Erscheinungen, die einer Welt angehören, die ihnen verschlossen ist.

In anderen Kulturen hat man sich von der geistigen Welt nie so weit entfernt. Es ist ein gewisser Fortschritt, dass westliche Wissenschaftler sich ihnen jetzt vorsichtig annähern. Trotzdem muss man daran erinnern, dass die moderne, westliche Wissenschaft mit ihrem seelenlosen Weltbild über Jahrhunderte Dressur und Disziplin begünstigt und einen intelligenten Umgang mit sich selbst und anderen erschwert hat.

Sind so viele Studien

Aber halt! Hat die Wissenschaft nicht gerade bewiesen, dass Disziplin dem Menschen hilft, beruflich und privat erfolgreich zu sein? In der Tat versuchen einige Psychologie-Professoren im Moment, uns glauben zu machen, dass Disziplin und Willensstärke für ein gelingendes Leben unentbehrlich seien. Sie reihen dabei Studie an Studie in der Hoffnung, dass daraus ein schlüssiges Konzept wird. Wer sich dafür interessiert, wird ihre Bücher leicht finden.

Da Wissenschaftsgläubigkeit in unserer Gesellschaft sehr verbreitet ist, möchte ich zunächst ein paar grundsätzliche Dinge über sogenannte »wissenschaftliche« Studien sagen. Kaum ein Tag vergeht, ohne dass die Zeitungen darüber berichten, was Wissenschaftler X gerade erst gestern wieder herausgefunden zu haben meint. Die Neuigkeiten werden verkündet, als handele es sich um biblische Offenbarungen.

Susan M. Love und Alice D. Domar haben in ihrem Buch »Live a litte. Breaking the rules won't break your health« am Beispiel von Gesundheitsratschlägen gezeigt, dass die meisten angeblich wissenschaftlich fundierten Tipps in Wirklichkeit auf tönernen Füßen stehen. Beide haben eine wissenschaftliche Ausbildung, haben sich aber eine kritische Distanz zu den Behauptungen ihrer KollegInnen bewahrt. Ihrer Meinung nach ist es sowohl unnötig als auch unmöglich, die Vielzahl der gängigen Gesundheitsempfehlungen zu befolgen. Vielmehr könne jeder mit einem Minimum an Aufwand viel für sein Wohlbefinden tun. Damit sind Love und Domar für mich hervorragende Vertreterinnen der Idee positiver Faulheit.

Bestimmt haben Sie gehört, dass man mindestens zwei Liter Wasser am Tag trinken sollte. Überall laufen Menschen mit riesigen Mineralwasserflaschen durch die Gegend. Sie trinken, wo immer sie gehen, stehen und sitzen, weil sie befürchten, sonst sofort zu dehydrieren. Der Haken an der Sache ist nur, dass es nach Love und Domar keinen Beweis für die These gibt, dass jeder täglich acht Gläser Wasser in sich hineinschütten muss, um gesund zu bleiben. Der Ursprung dieses Mythos ist unbekannt. Klar ist nur, dass die Getränkeindustrie sehr gut daran verdient.

Viele Studien, aber wenig Wissenschaft.

Damit eine Studie den Namen »wissenschaftlich« verdient, müssen mehrere Kriterien erfüllt sein:

- Die TeilnehmerInnen sind nach dem Zufallsprinzip in mindestens zwei Gruppen aufzuteilen: eine Versuchs- und eine Vergleichsgruppe. Niemand darf wissen, wer zu welcher gehört. Sonst sind bewusste oder unbewusste Beeinflussungen der Ergebnisse möglich.

  Dermaßen strenge Studien sind schwierig durchzuführen. Sie sind zeitraubend und teuer. Manche Aussagen machen überhaupt nur Sinn, wenn die TeilnehmerInnen über Jahre beobachtet wurden. Das bedeutet einen erheblichen logistischen und finanziellen Aufwand. Deshalb wird fast immer darauf verzichtet – auf Kosten der Wissenschaftlichkeit! Man nimmt lieber wenige Leute, setzt sie alle zusammen ein paar Minuten oder Stunden einem Experiment aus – und fertig ist die Studie!

- Wenn die Versuchsergebnisse für Menschen relevant sein sollen, dürfen keine Tiere getestet werden. Es müssen sowohl Männer als auch Frauen daran teilnehmen. Die Versuchspersonen sollten verschiedenen Altersgruppen, Bildungsgraden und Milieus angehören.

Dagegen wird häufig verstoßen. Um eine Aussage über den Nutzen oder Schaden von Joghurt zu machen, werden beispielsweise Mäuse ausschließlich mit dieser Nahrung gefüttert. Aus ihrem Befinden werden dann Rückschlüsse auf Menschen gezogen. Dazu hat ein Wissenschaftsjournalist einmal angemerkt, der Test sei so angelegt, als würde ein Mensch Jahre lang täglich nichts anderes als eimerweise Joghurt verspeisen. Und so etwas gilt als wissenschaftlich!

Frauen haben eine andere Konstitution als Männer. Trotzdem werden Studien, an denen nur Männer beteiligt waren, meist auch auf Frauen bezogen. Das hat in der Vergangenheit bereits zu einigen gravierenden Fehleinschätzungen geführt.

Die Versuchspersonen psychologischer Tests stammen in den meisten Fällen aus dem studentischen Milieu. Genauer gesagt: Es sind in der Regel Psychologie-StudentInnen. Die sind leicht verfügbar und verlangen kein Geld. Die Frage ist nur, wie aussagekräftig die Ergebnisse solcher Tests dann sind, wenn man überwiegend junge, weiße, gebildete, amerikanische Frauen aus der Mittelklasse untersucht. Sind die Ergebnisse ohne Weiteres für Menschen gültig, die sich in Geschlecht, Alter, Klasse, Rasse, Bildung, kultureller und nationaler Zugehörigkeit erheblich von diesen unterscheiden?

– Bleibt die Frage: Wer bezahlt die »wissenschaftliche« Studie? Die Universität? Eine Stiftung? Ein Unternehmen? In der Regel hat derjenige, der ein Experiment finanziert, ein Interesse daran, was dabei herauskommt. Es wäre doch weggeworfenes Geld, wenn ein Pharma-Konzern durch die von ihm bezahlte Studie erfährt, dass seine Produkte gesundheitsschädlich sind. Hier Objektivität zu erwarten, wäre zu viel verlangt.

Die Unabhängigkeit von Forschung und Lehre ist ein Ideal. In der schnöden Realität ist sie permanent gefährdet.

Sehr wenige Studien erfüllen die strengen Kriterien der Wissenschaftlichkeit. Die meisten sind nicht viel mehr als Meinungsäußerungen von Personen, die sich das Mäntelchen der Objektivität umgehängt haben. Sie dienen nicht selten der Manipulation der Öffentlichkeit.

Wir hatten hier in der Nähe mal ein Institut für Sexualforschung. Es schien im Wesentlichen aus einer schönen Altbauwohnung und einem Blechschild am Haus zu bestehen. Der Leiter lief meist in Joggingklamotten herum. Eine Zeit lang schaffte er es, mit seinen Erkenntnissen in der Presse zitiert zu werden. Ich hatte immer das Gefühl, dass der Laden nicht seriös war. Aber wer weiß, vielleicht habe ich das Institut verkannt und es war in Wirklichkeit eine der größten wissenschaftlichen Einrichtungen unter der Sonne.

Was ich damit sagen will: Seien Sie misstrauisch, wenn Wissenschaftler ihnen etwas über den Wert der Disziplin erzählen.

Eine gefährliche Mischung

Ich erinnere mich an zwei Arbeitskollegen, die sich über ihren Chef unterhielten. Sie meinten, er habe zwar Ideen, setze aber nichts um. Abgesehen davon, dass dies aus meiner Sicht nicht stimmte, schienen mir die beiden, die selbst in einer leitenden Funktion tätig waren, ein viel schwerwiegenderes Problem zu haben: Sie hatten keine Ideen, setzten diese aber kraftvoll um. Soll heißen: Sie arbeiteten fleißig, aber planlos, wie so viele, die sich als Macher betrachten.

Wenn zu viel Wille und Disziplin mit zu wenig Können und Wissen zusammentreffen, ergibt dies eine gefährliche Mischung. Im besten Fall führt es einfach nur zu blindem Aktionismus, im schlechtesten zu destruktiver Höchstleistung.

Meine Mutter hatte ihre eigene Sicht auf diese Dinge. Sie meinte, ein Ratgeber sei besser als zehn Arbeiter. Die moderne Version dieses Spruchs heißt: lieber smart als hart arbeiten. Egal, wie man es bezeichnet, klar ist, dass Arbeit allein keinen Wert hat. Wenn sie nicht sinnvoll ist, schadet sie nur. Deshalb habe ich es, wie viele andere auch, immer als verhängnisvoll angesehen, dass die Gewerkschaften früher – jetzt habe ich es lange nicht gehört – stets »Arbeit für alle« forderten, ohne sie näher zu definieren. Arbeit für alle kann Minijobs, unzumutbare Beschäftigungen oder sogar unbezahlte Arbeit bedeuten.

Hauptsache Arbeit, das ist auch heute noch die Maxime für viele Bürger. Jobs sucht man sich vorzugsweise nach der Höhe der Bezahlung aus, egal wie die sonstigen Bedingungen aussehen, und dann stöhnt man, wenn wieder Montag ist.

Einen Höhepunkt dieser absurden Einstellung zur Arbeit stellen Beschäftigungsgesellschaften dar. Diese können sinnvoll sein, wenn sie – wie seinerzeit in Skandinavien in der Werftindustrie – Umstrukturierungsprozesse begleiten. In Deutschland haben sich jedoch perverse Formen dieser Einrichtungen herausgebildet. Oftmals werden sie gegründet, um die Beschäftigungsstatistiken zu schönen oder Kosten von den Ländern auf den Bund abzuwälzen. Unternehmen, die keinen sinnvollen Existenzgrund und an der Realwirtschaft kaum Anteil haben, wickeln fleißig irgendwelche Scheingeschäfte miteinander ab. Sie korrespondieren untereinander, was das Zeug hält. Wenn das Ganze in einen Spielzeugkarton passen würde, wäre es ein sicherer Anwärter auf den Preis »Spiel des Jahres. So aber sind es nur ein ebenso alberne wie schäbige Instrument der Arbeitsverwaltung, um Leute zu disziplinieren und allen, die in ungeliebten Jobs ausharren, zu signalisieren: Seid bloß froh, dass Ihr nicht bei uns arbeiten müsst.

Nach Artikel 12 des Grundgesetzes haben alle Deutschen das Recht, Beruf, Arbeitsplatz und Ausbildungsstätte frei zu wählen. Niemand darf zu einer bestimmten Arbeit gezwungen werden, außer im Rahmen einer herkömmlichen allgemeinen, für alle gleichen öffentlichen Dienstleistungspflicht. Zwangsarbeit ist nur bei einer gerichtlich angeordneten Freiheitsentziehung zulässig.

Grundsätzlich sind dies hervorragende Schutzrechte. Die Freiheit, einen Beruf zu wählen, ist allerdings weitgehend wertlos, wenn Arbeitsplätze chronisch fehlen und an den Universitäten das Prinzip des Numerus clausus die Vergabe von Studienplätzen bestimmt.

Das Verbot der Zwangsarbeit wird so restriktiv ausgelegt, dass Arbeitsverhältnisse, bei denen die Freiwilligkeit in Frage gestellt ist, als legal gelten. Nur wer es sich leisten kann, eine zugewiesene Arbeit abzulehnen, genießt die volle Freiheit des Grundgesetzes. Allen anderen steht es frei, unter Brücken zu schlafen.

Die Älteren werden sich noch an den Reichsarbeitsdient erinnern, den die Nazis »eingeführert« hatten. Bereits im Coburger Arbeitslager, das zum Prototyp der Reichsarbeitslager des Dritten Reiches wurde, galt der Grundsatz: »Keine Wohlfahrtsunterstützung ohne Arbeit«. Die Ränge im Reichsarbeitsdienst gingen vom Arbeitsmann und der Arbeitsmaid über den Arbeitsführer und die Maidenführerin bis zum Reichsarbeitsführer. Die rechten Parteien hatten seit Beginn der Weltwirtschaftskrise immer wieder die Einführung einer Arbeitsdienstpflicht gefordert. Unter diesem Druck wurde 1931 der sogenannte »Freiwillige Arbeitsdienst« gegründet. Der damalige Arbeitsdienstführer beschrieb 1935 das Ideal so: »Dieser von uns geschmiedete Typ des Arbeitsmannes ist das Ergebnis einer Verschmelzung von den drei Grundelementen: des Soldatentums, Bauerntums und Arbeitertums.« Dabei handelt es sich um NS-Synonyme für Disziplin, Ertrag aus »Blut und Boden« und Pflichtbewusstsein. Als Einstieg in die Geschichte des Reichsarbeitsdienstes empfehle ich den sehr informativen Artikel bei Wikipedia zu diesem Stichwort.

In der DDR herrschte bis 1984 Arbeitspflicht. § 249 Absatz 1 des Strafgesetzbuchs der DDR lautete: »Gefährdung der öffentlichen Ordnung durch asoziales Verhalten. (1) Wer das gesellschaftliche Zusammenleben der Bürger oder die öffentliche Ordnung dadurch gefährdet, dass er sich aus Arbeitsscheu einer geregelten Arbeit hartnäckig entzieht, obwohl er arbeitsfähig ist, ... wird mit Verurteilung auf Bewährung oder mit Haftstrafe, Arbeitserziehung oder mit Freiheitsstrafe bis zu zwei Jahren bestraft. Zusätzlich kann auf Aufenthaltsbeschränkung und auf staatliche Kontroll- und Erziehungsaufsicht erkannt werden.«

Das Ministerium des Innern (MDI) wachte über die Einhaltung dieser Bestimmung. Ab 1984 hatte die Regierung der DDR ein Einsehen. Mangels freier Arbeitsplätze wurde der § 249 nur noch eingeschränkt, meist bei Vorbestraften, angewendet.

Mit der NS-Zwangsarbeit sind die Regelungen in der DDR nicht vergleichbar. In Deutschland herrschen gegenwärtig vollkommen andere Verhältnisse. Aber angesichts der barbarischen historischen Fehlentwicklungen ist es dringend geboten, dass jeder, der sich heute für eine Arbeitspflicht, egal in welcher Form, einsetzt, aufpasst, die Vergangenheit in keiner Weise wieder auferstehen zu lassen. »Wehret den Anfängen« ist die Mahnung, die wir aus der deutschen Geschichte ableiten müssen.

Es sollte sich von selbst verstehen, dass die »Agenda 2010«- und Hartz IV-Gesetzgebung nichts mit diktatorischen Verordnungen gemein hat. Doch hat sie leider viel dafür getan, die Menschen in Deutschland unter Druck zu setzen. Obwohl es seit Jahrzehnten keine Vollbeschäftigung mehr gibt, wird an der Fiktion festgehalten, jeder könne arbeiten, wenn er nur wolle. Jeder Einzelne wird persönlich dafür verantwortlich gemacht, ob er Arbeit findet oder nicht. Der Staat leugnet auf diese Weise seine gesellschaftliche Verantwortung. Die SPD hat ihre unsoziale Regierungspolitik zwar Hunderttausende Mitglieder gekostet und sie ist bei der Bundestagswahl 2009 auf 23 Prozent gefallen, aber sie hat sich für ihre Sozial- und Arbeitsgesetzgebung bis heute nicht entschuldigt. Dazu gehört eine Menge

Chuzpe, wenn man »Solidarität« auf seine Fahnen geschrieben hat. Aber die »Sozial«demokratische Partei Deutschlands scheint diesen Begriff nicht mehr zu verstehen und ihre Seele verloren zu haben.

Ein Treppenwitz der Geschichte ist es, dass die sogenannten Hartz-Gesetze zum Abbau des Sozialstaats den Namen eines Mannes tragen, der später wegen Untreue zu zwei Jahren Freiheitsstrafe auf Bewährung und einer Geldstrafe verurteilt wurde. Ob man Peter Hartz nun als kriminell bezeichnen will, sei dahingestellt. Vorbestraft ist er zweifellos. Wenn man bedenkt, dass armen Menschen in diesem Land regelmäßig vorgeworfen wird, Hartz IV-Leistungen missbräuchlich in Anspruch zu nehmen, staunt man allerdings, wie unbefangen der Name »Hartz« in diesem Zusammenhang ausgesprochen wird.

Wissen allein ist keine Macht.

Politik ist immer in Gefahr, zu fantasielos, dafür aber umso aktionistischer zu sein. Macher und Krisenmanager beherrschen die Szene. Dabei kommen dann schon mal schmelzende Atomkraftwerke und eine drohende Klimakatastrophe heraus.

Es ist von größter Bedeutung, dass Wissen, Wollen und Können in der richtigen Dosierung zusammentreffen. Wissen allein ist keine Macht. Erst die Anwendung des Wissens verleiht Macht. Ein Beispiel für gut informierte, aber ohnmächtige Zuschauer sind die Hochschullehrer. Als Theoretiker sind sie bisweilen brillant, als zupackende Praktiker treten sie nur selten in Erscheinung. Das ist schade, weil dadurch wichtige Erkenntnisse brachliegen. Es wäre wünschenswert, dass eine Vielzahl von ProfessorInnen ihr Fachwissen in gesellschaftliche Diskussionen einbringt und nicht nur Einzelne.

Der Wille allein versetzt keine Berge. Erst mit dem richtigen Know-how und einem entsprechenden Einsatz lassen sich Dinge bewegen. Können heißt, imstande zu sein, etwas zu tun. Fähigkeiten, die nicht eingesetzt werden, sind nutzlos. Wer jedoch etwas gelernt hat und bereit ist zu handeln, kann viel Gutes bewirken.

Wollen und Können ohne das rechte Wissen ist wie gesagt ein Verhängnis. Auf diese Weise werden die Regenwälder abgeholzt, langweilige Stadtteile gebaut und Politik fernab jeder sozialen Intelligenz gemacht.

Die üble Verwandtschaft

Man sagt, ein Unglück komme selten allein. Ich weiß nicht, ob das stimmt. Aber sicher ist, dass Disziplin niemals allein kommt. Ihre Schwester heißt Pflicht und ihr Bruder Zwang.

Pflichterfüllung ist eine Lieblingsvokabel der Disziplin-Fanatiker. Das ist leicht erklärbar. Wenn Menschen Zucht und Ordnung beigebracht – um nicht zu sagen: eingebläut – werden, dann passt es nicht, sie auf ihre Rechte aufmerksam zu machen. Im Untertanenstaat Preußen hatten die BürgerInnen nicht die Freiheiten, die wir heute für selbstverständlich halten. Soziale Rechte wie Lohnfortzahlung im Krankheitsfall, Rentenansprüche oder eine Absicherung für Arbeitslose gab es nicht. Die Bildung von Gewerkschaften war verboten. Die Frauen besaßen kein Wahlrecht.

Die Rechte waren vor 100 Jahren dünn gesät. Umso mehr Pflichten hatten die Menschen zu erfüllen. Sie sollten Gott (der Kirche) gehorchen, ihre sie verprügelnden Eltern ehren, die Autorität der Lehrer anerkennen und ansonsten den Mund halten sowie 14 Stunden täglich arbeiten, mit Ausnahme des Sonntags. An ihrem einzigen freien Tag hatten sie um zehn Uhr pünktlich die Predigt des Pastors anzuhören, der ihnen die Hölle heiß machte, wenn sie gegen Kaiser und Papst aufbegehrten.

Dialog, runder Tisch, Bürgerinitiativen, Mitbestimmung, Meinungs- und Versammlungsfreiheit: alles Fremdwörter in einer Gesellschaft, in der die Obrigkeiten Wert legten auf Disziplin und klaglose Pflichterfüllung.

Und Bruder Zwang? Disziplin bedeutet, dass man sich zur Arbeit zwingt, wenn man eigentlich keine Lust hat. Dass Arbeit Spaß machen könnte, wenn sie nicht fremden Interessen dient: Auf die Idee soll erst gar keiner kommen. Erst üben die Eltern und Lehrer den Zwang aus. Mit der Zeit wird er verinnerlicht. Dann ist das Erziehungswerk vollendet. Der Mensch hat Selbstdisziplin gelernt und ist auch noch stolz darauf. Damit er nicht aus der Übung gerät, wird er der Weisungsbefugnis von Arbeitgebern unterstellt.

Da die Demokratie in Deutschland trotz Hitler nicht aufzuhalten war, soll sich die Bürgerbeteiligung möglichst auf das Kreuzchen-Machen auf dem Wahlzettel alle paar Jahre beschränken, früher in Bund und Ländern in der Regel alle vier Jahre, jetzt in der Regel alle fünf. Je seltener, desto besser. Und wenn die Parteien sich möglichst wenig unterscheiden, ist es sowieso egal, wem die BürgerInnen ihre Stimme geben. Deshalb ist die Frage von Bertolt Brecht »Alle Staatsgewalt geht vom Volke aus – aber wo geht sie hin?« immer noch aktuell.

Der Mensch hat Selbstdisziplin gelernt und ist auch noch stolz darauf.

Mit der DDR endete 1990 die letzte Diktatur auf deutschem Boden. Die Menschen im Westen hatten inzwischen fast 70 Jahre Zeit, Recht und Freiheit kennenzulernen. Das ist historisch gesehen nicht viel, aber es ist ein Anfang.

Die Diktaturen sind weltweit im Absterben, in Osteuropa, in Nordafrika, in Südafrika und vielen anderen Teilen der Welt. Es mag noch eine Weile dauern, und dabei wird es immer wieder Rückschläge geben, aber die weltweite Demokratiebewegung, die mit den Revolutionen in Frankreich und Nordamerika

Ende des 18. Jahrhunderts begann, ist nicht aufzuhalten. Sie erfasst immer größere Bereiche der Gesellschaft: die Familien, die Schulen, sogar das Militär, und sie wird auch vor der Katholischen Kirche, der Wirtschaft und den Banken nicht Halt machen.

Noch verfügen weltweit agierende Konzerne und Banken über eine nahezu unbeschränkte Macht, die an die früherer Kaiser und Könige heranreicht. Wer über Millionen Arbeitsplätze und riesige Vermögen gebietet, muss seine Macht demokratisch legitimieren und die Macht teilen, indem er Mitbestimmung einräumt.

Die Disziplin hat keine Zukunft. In dem Maße, in dem Recht und Freiheit stärker werden, nehmen Zwang und Pflicht ab.

Lust am Schmerz

Wie ist es möglich, dass trotz der offensichtlichen Schädlichkeit der Disziplin viele behaupten, die Erziehung dazu habe ihnen gut getan? Zunächst muss man dies einfach als Tatsache akzeptieren. Selbst unter denen, die als Kinder regelmäßig geschlagen wurden, findet man Etliche, die sagen, es habe ihnen nicht geschadet. Im Gegenteil: Erst die strenge Erziehung habe sie zu wertvollen Mitgliedern der Gesellschaft gemacht.

Wahrscheinlich ist es zu schmerzlich, sich einzugestehen, dass man als Kind misshandelt wurde. Nun bin ich kein Anhänger der These, dass Gewalt oder überhaupt Fehler in der Kindererziehung später niemals wieder gutzumachen seien. Menschen sind sehr robust und haben eine erstaunliche Widerstandsfähigkeit. Sie können im Laufe von Jahren und Jahrzehnten oft vollständig regenerieren. Trotzdem ist es falsch, Zwang und Gewalt im Nachhinein zu rechtfertigen und schönzureden.

In der Psychologie ist seit langem bekannt, dass Opfer dazu neigen, die Täter später zu schützen. Auf den ersten Blick ist dies unverständlich, doch um des Überlebens willen sehen Opfer oft keine andere Wahl, als sich auf die Seite der Täter zu stellen.

Ein extremes Beispiel dafür ist das Stockholm-Syndrom. 1973 kam es in Stockholm zu einer mehrtägigen Geiselnahme. Nach der Freilassung zeigten die Opfer überraschenderweise Sympathie und Verständnis für die Täter, während sie die Polizei kritisierten. Es war also zu einer Umkehrung der eigentlich zu erwartenden Beurteilung gekommen.

Grundsätzlich passiert diese Wahrnehmungsverzerrung in allen Abhängigkeitsverhältnissen. Die Autoritäten – Eltern, Lehrer und Vorgesetzte – werden später von den Untergebenen verklärt, gelobt, ihr unethisches Verhalten entschuldigt oder gar als richtig hingestellt.

Stanley Kubrick hat 1964 einen Film mit dem Titel »Dr. Seltsam, oder wie ich lernte, die Bombe zu lieben« gedreht. Es ist eine Satire auf den Kalten Krieg und die atomare Abschreckung. Obwohl ein Nuklearkrieg die Menschheit vollständig auslöschen könnte, haben es Politiker und Generäle immer wieder geschafft, ihre todbringenden Waffenarsenale als notwendig und friedenssichernd darzustellen.

Der Radsportler Lance Armstrong, mehrfacher Sieger der Tour de France, später allerdings massiven Dopingvorwürfen ausgesetzt, hat in seinem Buch »Tour des Lebens« beschrieben, welche Strapazen das Training und die Radrennen mit sich brachten. Er war jedoch so besessen von der Idee, der beste Radfahrer aller Zeiten zu werden, dass er ein schlechtes Gewissen bekam, wenn er während des Trainings keine starken Schmerzen litt. Er hatte gelernt, die Qualen zu lieben.

An diesen Beispielen sieht man, wie Menschen in der Lage sind, Schmerz und Lust in ihr Gegenteil zu verkehren. Wenn es ihnen misslingt, ihr Leiden zu überwinden, kann es geschehen, dass sie es genießen. Sie entwickeln einen seltsamen Stolz auf sich für das Aus- und Durchhalten eigentlich unerträglicher Zustände.

Auf diese Weise schafft die Mehrheit der Angestellten es, mithilfe von Disziplin ihre ungeliebten Jobs durchzustehen. Sie gehen dabei allerdings das Risiko ein, vor Erreichen des Rentenalters körperlich oder seelisch zusammenzubrechen.

Viele haben keinen Spaß am Sport, quälen sich aber hindurch, weil sie glauben, es gehe nicht anders, es sei gesund oder nütze ihrer Mannschaft. Einige möchten unbedingt eine Medaille oder einen Titel gewinnen. Der Preis ist enorm hoch: kaputte Muskeln, Sehnen, Gelenke und Knochen. Eine große Zahl von Leistungssportlern ist vom Burn-out bedroht. Dem Fußball-Torwart Oliver Kahn – ein Musterbeispiel für harte Arbeit und Disziplin – war immer anzusehen, dass er von einem extremen Ehrgeiz angetrieben war, sich nie die Freude über einen Sieg erlaubte, sondern jeden Erfolg sofort herunterspielte und auf die nächste Herausforderung schaute. Nach dem Ende seiner Karriere hat er eingeräumt, dass er zeitweise unter Burn-out litt.

Was ist das für ein Irrsinn, die Lust am Leiden höher zu bewerten als die Freude am Leben!

Im Jammertal der Säbelzahntiger

Disziplin ist die Folge eines negativen Weltbilds. Nicht wenige wähnen sich täglich in einem gnadenlosen Überlebenskampf. Sie glauben, dass überall Mangel herrsche und alle um die knappen Ressourcen konkurrierten. Nur die Stärksten würden sich durchsetzen. Diese Ideologie gipfelte in der Forderung Hitlers, der deutsche Junge müsse rank und schlank sein, flink wie Windhunde, zäh wie Leder und hart wie Kruppstahl. Sonst habe das deutsche Volk keine Zukunft. Nicht mehr in dieser extremen Form, aber ansonsten unversehrt, lebt diese Vorstellung bis heute fort.

Die Wirtschaft schürt den Glauben, dass die Waren knapp seien. Sie sieht die Nationen in einem unerbittlichen Wettbewerb. Jeder Einzelne stehe in Konkurrenz zu seinem Nächsten. Nur die Besten würden sich im Kampf um Arbeitsplätze, Geld und Märkte durchsetzen. Wer nicht mithalten könne, gehe unter.

Das Christentum glaubt seit Jahrhunderten, die Menschheit lebe in einem Jammertal. Wie einst das auserwählte Volk in der Wüste wanderten die Menschen durch ein schier unendliches Tal der Tränen. Die Hoffnung auf ein angenehmes Leben auf der Erde sei unbegründet. Allenfalls könne man bei guter Führung später im Himmel eine Belohnung erwarten. Bis dahin müsse man sich gedulden. Es sei nun einmal unabänderlich, dass die Menschen im Diesseits zahlreiche Qualen litten. Christus am Kreuz sei das beste Sinnbild dafür.

Damit es für den Christenmenschen und erst recht alle Heiden nicht zu lustig auf dieser Erde wird, hat sich die Kirche eine

Menge einfallen lassen. Inquisition, Hexenjagd, Folter und Scheiterhaufen bereiteten den Menschen in der Tat die Hölle auf Erden. Damit nicht genug: Die Priester beflügelten die Fantasie der Leute, sodass sie allein schon bei dem Gedanken an den Tod und das Jenseits in Ängste und Depressionen verfielen.

2.000 Jahre Mord und Gräuel haben aus der Welt fürwahr ein Jammertal gemacht. Die Verbrechen, die im Namen Gottes begangen wurden, sind so zahlreich, dass es dem Kirchenkritiker Karlheinz Deschner leicht fiel, eine auf zehn dicke Bände angelegte »Kriminalgeschichte des Christentums« zu schreiben.

Der Glaube an die Schlechtigkeit der Welt scheint zu einer sich selbst erfüllenden Prophezeiung geworden zu sein. Die Priester versprachen Lösungen für Probleme, die die Menschen ohne sie nicht gehabt hätten. Die »Frohe Botschaft« kam irgendwie nicht durch.

Der Buddhismus hat glücklicherweise keine Kriminalgeschichte wie das Christentum vorzuweisen. Wie schon der Begründer, der stets lächelnd dargestellt wird, verhalten sich seine AnhängerInnen friedfertig. Der Dalai Lama darf mit Recht sagen: »Meine Religion ist Freundlichkeit«.

Trotzdem leistet auch die buddhistische Lehre dem Glauben Vorschub, dass alles Leben Leiden sei. Immer wieder wird auf Krankheit, Alter und Tod hingewiesen, um zu verdeutlichen, dass Menschsein Kummer und Qual bedeute.

Diese Auffassung ist eigentlich erstaunlich, weil doch zugleich behauptet wird, dass der Buddha sich vom Leiden befreit habe. Obwohl auch er altern und sterben musste, deprimierte oder ängstigte ihn dies nicht. Die meisten seiner AnhängerInnen scheinen das nicht wirklich verstanden zu haben. Jedenfalls wurde die Verehrung seiner Person größer als das Verständnis seiner Lehre.

Wer unbedingt glauben will, dass die Menschheit seit Urzeiten in einem Jammertal lebt, lässt sich davon nicht abhalten und findet natürlich genügend Argumente. Jedes Mal, wenn jemand belegen will, dass schon unsere ältesten Vorfahren ständig auf der Hut sein mussten, taucht unweigerlich der Säbelzahntiger auf. Die Welt hätte ein so angenehmer Ort sein können. Keine Ängste, keine Traumata. Aber nein, es sollte nicht sein. Das Grauen hatte einen Namen: SÄBELZAHNTIGER.

Die Säbelzahntiger werden verleumdet.

Ich fand dies immer albern. Der Säbelzahntiger schien mir im kollektiven Bewusstsein permanent überrepräsentiert zu sein. Gehen wir dem Mythos also einmal auf den Grund. Widmen wir unsere Aufmerksamkeit ein wenig den Säbelzahnkatzen.

Diese niedlichen Kuscheltiere hatten sehr lange, gebogene Eckzähne, die irgendein martialisch denkender Mensch als »Säbel« deutete und den Tieren danach ihren Furcht erregenden Namen gab. Die kleinsten Säbelzahnkatzen hatten nur eine Schulterhöhe von 60 Zentimetern, waren also kleiner als die heutigen Leoparden. Selbst der Maichairodus giganteus erreichte nur etwa die Größe eines Löwen. Diese würde eigentlich niemand als »gigantisch« bezeichnen.

Es ist fraglich, ob diese Großkatzen überhaupt in der Lage waren, auf Beutejagd zu gehen, denn ihre Zähne eigneten sich dafür nicht. In einem Kampf auf Leben und Tod konnten sie abbrechen. Vielleicht waren Säbelzahnkatzen deshalb eher Aasfresser. Wenn nicht, wählten sie sich wahrscheinlich nur kleine Beutetiere, um ihr Risiko zu mindern.

Gäbe es heute noch Säbelzahntiger, könnten wir sie ihm Zoo besuchen. Kundige Dompteure würden uns im Zirkus beweisen, dass man vor ihnen zwar Respekt, aber keine Angst zu haben braucht. Deshalb, liebe Leute, merkt Euch eins: Säbelzahntiger waren nicht so schrecklich und lebensbedrohlich, wie man Euch glauben machen will. Tiger, Löwen und auch Säbelzahnkatzen haben niemals das Überleben der Menschen bedroht. Es verhält sich genau umgekehrt. Wären Säbelzahnkatzen nicht schon ausgestorben: Wir würden dafür sorgen. So wie wir im Moment dabei sind, die restlichen Großkatzen auszurotten.

Ich werde noch näher darauf eingehen, dass die Erde kein Jammertal ist oder es zumindest nicht sein müsste. Dieses negative Weltbild ist einseitig und falsch. Doch wer überzeugt ist, dass er täglich ums Überleben kämpfen muss, der sucht seine Zuflucht logischerweise in Disziplin und eisernem Willen. Damit er so flink wie Windhunde, so zäh wie Leder und so hart wie Kruppstahl wird.

Strafplanet Erde

Disziplin gründet sich auf ein negatives Menschenbild. Wer glaubt, dass niemand unangenehme, aber notwendige Aufgaben freiwillig erledigen würde, verfällt dem Gedanken, Druck ausüben zu müssen.

Diese Überzeugung geht an der Wirklichkeit vorbei. Erstens ist es höchst subjektiv, welche Aufgaben als unangenehm empfunden werden. Das Unangenehme ist keine Eigenschaft der Aufgabe, sondern eine private Bewertung. Keine Aufgabe an sich ist lästig. Erst der Gedanke, sie sei es, macht sie zur Last. Sonst wäre es ausgeschlossen, dass die einen dasjenige gleichmütig oder gar gerne machen, was andere hassen.

Staubsaugen beispielsweise ist nicht für jeden eine Pflicht, vor der er oder sie sich gerne drücken würde. Manche lieben es, ihre Wohnung auf Hochglanz zu bringen. Der Besuch beim Zahnarzt mag für die meisten eine Notwendigkeit sein, aber einige gehen dort sogar mit Vergnügen hin, weil sie dadurch ihre Zähne gesunderhalten. Anderen ist es egal. Sie bringen es hinter sich.

Als Teenager hatte ich einen Zahnarzt, der in den Behandlungspausen sang. Er unterhielt sich mit seiner Assistentin und mir über Dinge, auf die er sich freute oder die ihm am Vortag Spaß gemacht hatten. Mir gefiel das. Damit hielt er sich und seine Umgebung bei Laune. Das war keine Masche von ihm, sondern der Mann war so. Außerdem war er kompetent. Heute fragen mich Zahnärzte manchmal, wer meine Zähne repariert hat. Wenn ich es ihnen sage, staunen sie und meinen, solche

Techniken verstünden nur ein paar SpezialistInnen. Wegen dieses Zahnarztes gehe ich heute noch gerne zu zahnärztlichen Routineuntersuchungen. Ich mag Leute, die ihren Beruf gerne ausüben, sympathisch und kompetent sind. Um zur ZahnärztIn zu gehen, brauche ich keine Disziplin und keine Willensstärke.

Die Befürworter der Disziplin glauben nicht, dass Menschen gerne lernen, arbeiten oder etwas für ihre Nächsten tun. Sie meinen, man müsse sie dazu zwingen. Diese Einschätzung ist falsch. Richtig ist, dass Kinder neugierig sind und es lieben, Zusammenhänge zu verstehen. Indem man seinen Interessen und Begabungen folgt, findet man ganz zwanglos seinen Beruf. Die meisten Menschen sind von Natur aus hilfsbereit und kooperativ. Deshalb müssen diese Eigenschaften nicht erzwungen werden.

Disziplin beruht auf einer verneinenden Haltung gegenüber der Welt.

Disziplin ist aber nicht nur die Folge eines negativen Menschenbilds, sondern auch einer verneinenden Haltung gegenüber der Welt. Die Erde erscheint dann als eine Art Strafplanet, voller Gefahren und lästiger Pflichten. Überall sieht man nur Mangel. Nichts scheint vollkommen. Man befürchtet, einer fresse den anderen.

Die Wirklichkeit ist anders. Die Tatsachen sind neutral, frei von menschlichen Urteilen. Sie beinhalten das Potenzial sowohl zum Guten wie zum Schlechten. Diejenigen, die in negativer Weise voreingenommen sind und die Welt für ein Jammertal halten, können sich jedoch nicht vorstellen, dass man hier Spaß haben könne.

In einem so einseitigen, fatalen Glaubenssystem kommen Lust, Freude, Selbstlosigkeit, Hilfsbereitschaft, Kooperation, Liebe, Freundschaft, Überfluss, Fülle, Rücksichtnahme und menschliche Größe nicht vor. Erziehung ohne Zwang, ein gewaltfreier Umgang mit sich und der Umgebung, mit seinen Nächsten und Fremden, mit Tieren und Pflanzen, der Natur überhaupt, scheint danach unmöglich.

Es ist bedauerlich, dass noch so viele aus dieser Welt einen Strafplaneten machen, auf dem SchülerInnen zum Lernen, Angestellte zum Arbeiten und Milliarden zum Leben in Diktaturen gezwungen werden, denn die Alternativen sind zum Greifen nahe.

Das Ende der Arbeit oder Deutschland schafft sich ab

Die Arbeitslosenquote liegt in der Europäischen Union bei zehn Prozent, Tendenz steigend. In den USA beträgt sie acht Prozent, Tendenz ebenfalls steigend. Dabei handelt es sich um die offiziellen Zahlen. Da bereits Churchill sagte, er glaube an keine Statistik, die er nicht selbst gefälscht habe, dürfen wir davon ausgehen, dass die tatsächlichen Zahlen weit höher sind. Regierungen neigen dazu, ihre unzureichende Politik zu beschönigen.

Es ist nahezu unmöglich, verlässliche Zahlen über die Entwicklung des Arbeitsmarktes in den westlichen Industrienationen zu bekommen. Das Ausmaß der wahren Arbeitslosigkeit und Unterbeschäftigung ist unbekannt. Die veröffentlichten Erwerbs- und Beschäftigungsquoten sind fragwürdig. Jeder Staat zählt und definiert sie anders. Außerdem werden die Statistiken gerne alle paar Jahre geändert, so dass es schwierig wird, Vergleiche anzustellen und langfristige Entwicklungen mit Zahlen zu untermauern. Das ist Absicht. Die meisten Regierungen möchten nicht mit ihren Vorgängern verglichen werden und auch nicht mit denen anderer Staaten. Es könnte sich herausstellen, dass die eigene Politik miserabel ist.

Sicher ist jedenfalls, dass wir von der Vollbeschäftigung und erst recht einer Vollzeit-Vollbeschäftigung meilenweit entfernt sind. Vor allem die Arbeitslosigkeit unter jungen ArbeitnehmerInnen in Europa ist enorm hoch, in einigen Altersgruppen liegt sie bei über 50 Prozent.

Seit Jahrzehnten gibt es nicht mehr genügend Arbeit. Vollbeschäftigung als Ziel staatlicher Arbeitspolitik ist seit langem eine Fiktion.

Wir leben in vielen Bereichen mit Vorstellungen, die der Vergangenheit angehören. Vielleicht hatten sie niemals eine Entsprechung in der Wirklichkeit. Das gilt vor allem für unsere Begriffe von Familie (Mutter, Vater, Sohn und Tochter) und Landwirtschaft (idyllische Bauernhöfe mit ein paar Kühen, Schweinen, Pferden, Ziegen und Hühnern, mit Gemüsegarten sowie einem kleinen Weizenfeld). Auch die Vorstellung von Arbeit ist obsolet geworden (50 Jahre im selben Betrieb, 40 Wochenarbeitsstunden und vier Wochen Urlaub).

Die Realität der Familien sieht anders aus. Es gibt ca. 1,6 Millionen Alleinerziehende in Deutschland. Das sind etwa 20 Prozent aller Familien mit Kindern. Die Zahlen nehmen kontinuierlich zu. Mit einem alleinerziehenden Elternteil zu leben bedeutet nicht, dass die Kinder nie beide Eltern zu sehen bekommen, nur eben nicht unter einem Dach.

Idyllische Bauernhöfe sind nur noch selten zu finden. Aus der Landwirtschaft ist eine Agrarindustrie geworden. Großmastanlagen mit Tausenden oder Zehntausenden von Rindern, Hühnern oder Schweinen stellen heute die Norm dar.

Und die Erwerbsbiographien? Sie werden mehr und mehr zu sogenannten Patchwork-Karrieren. Beschäftigung wechselt mit Arbeitslosigkeit ab, Vollzeit mit Teilzeit, Selbstständigkeit mit Anstellung. Die Unternehmen müssen alle paar Wochen, Monate oder Jahre gewechselt werden, ebenso die Berufe und Beschäftigungsorte. – Moderne Zeiten!

Die Produktivität hat in den letzten 100 Jahren so stark zugenommen, dass die Arbeit immer knapper wird. Die Maschinen in Landwirtschaft, Industrie und Verwaltung sind so leistungsfähig geworden, dass Millionen Arbeitsplätze für immer wegfallen, Tendenz auch hier zunehmend. Egal ob Roboter in der Fertigung, Monster-Transporter auf den Autobahnen oder Computer in den Büros: Die Arbeit wird von immer weniger Menschen geleistet.

Ist das gut oder schlecht? Zunächst einmal ist es eine Tatsache. Wir erleben – zugespitzt formuliert – das Ende der Arbeit. Jahrhundertelang haben Menschen davon geträumt, von der Last schwerer Arbeit befreit zu sein. Sie wollten gerne faul sein können!

Der Traum ist wahr geworden. Aber wir sind darauf schlecht vorbereitet. Arbeitslosigkeit wird erstens nicht positiv bewertet. Zweitens wird sie dem Individuum vorgeworfen, obwohl sie das Ergebnis einer strukturellen Veränderung ist. Wir sind Zeitzeugen einer revolutionären technischen Entwicklung. Die Zahl von freien Stellen und die der Arbeitslosen geht schon lange nicht mehr auf. Man kann es drehen und wenden wie man will: 2,8 Millionen Arbeitslose stehen 0,5 Millionen freie Stellen gegenüber (amtliche Zahlen vom Juni 2006). Und drittens halten Politik, Wirtschaft und Gesellschaft immer noch am Zusammenhang von Arbeit und Einkommen fest. Das führt zu einer zunehmenden Verarmung. Mit der Arbeit geht die Haupteinnahmequelle für immer mehr Menschen verloren.

Wir müssen aufhören, rund um die Uhr zu arbeiten.

Unsere selbsternannte Elite mag noch so sehr Disziplin und Arbeitseifer predigen. Die Hartz IV-Befürworter mögen so viel fordern und fördern, wie sie wollen. Sollen sie das Rentenalter auf – sagen wir: 85 – Jahre erhöhen. Es wird nichts ändern. Im Gegenteil: Wir rasen dann nur noch schneller auf die Mauer zu. Ihr Name heißt Realität. An ihr wird die Illusion der Vollbeschäftigung früher oder später (eher früher!) zerschellen.

Abraham Lincoln hat es auf den Punkt gebracht: »Du kannst einige Leute die ganze Zeit zum Narren halten, und alle Leute einige Zeit, aber du kannst nicht alle Leute die ganze Zeit zum Narren halten.«

Aus dem Dilemma der zunehmenden Arbeitslosigkeit und Verarmung auf der einen und der enormen Produktivität auf der anderen Seite führen im Prinzip nur zwei Wege heraus. Entweder wir schaffen die Arbeit sparenden Maschinen einschließlich der Computer wieder ab oder wir verteilen die Arbeit und das Einkommen neu.

Für viele sieht das im Moment noch aus wie die Wahl zwischen Pest und Cholera. Vielleicht gibt es noch andere Auswege. Nur eines ist sicher: Wir können auf Dauer nicht so weitermachen wie bisher. Extremer Arbeitseifer und hochleistungsfähige Produktionsmaschinen sind eine unheilvolle Verbindung eingegangen.

Wir müssen aufhören, rund um die Uhr zu arbeiten. Die Sonn- und Feiertagsarbeit ist binnen weniger Jahre um zehn Prozent auf etwa 30 Prozent aller Erwerbstätiger gestiegen. Immer mehr Menschen brechen mit Burn-out zusammen. Nach Schätzungen sind neun Millionen in Deutschland davon betroffen. Im ebenfalls arbeitswütigen Japan kennt man einen eigentümlichen Ehrentod namens Karoshi. Wer nach einer festgelegten

Zeit ununterbrochener Arbeit tot umfällt, darf sich zu dieser verdienstvollen Legion zählen.

Es hat den Anschein, als seien wir dabei, die letzten Reserven zu mobilisieren. Wir arbeiten Tag und Nacht, montags bis sonntags, selbst an Feiertagen. Alle werden zur Arbeit herangezogen: Mütter, auch alleinerziehende, Alte bis 67 Jahre (Tendenz: steigend), Kranke (wer zuhause bleibt, fliegt) und Behinderte (es sei denn die Rentenversicherung erkennt die Erwerbsunfähigkeit an).

Wo soll das alles enden? Welches Werk soll unter Aufbietung aller Kräfte vollendet werden? Oder handelt es einfach nur um ein großes, umfassendes Selbstmordprogramm? Die einen arbeiten sich kaputt, und die anderen verelenden, weil sie kaum noch genug Geld zum Essen, Kleiden und Wohnen haben.

Sind wir ein Volk von Idioten?

Was sind wir bloß für eine Familie

Die Produktivität ist in den vergangenen 150 Jahren enorm gestiegen. Das heißt: Mit immer weniger Aufwand (Arbeit) wird immer mehr produziert (Lebensmittel, Waren und Dienstleistungen). Dieser Trend wird weiter zunehmen. Am Beispiel der Landwirtschaft möchte ich die Entwicklung verdeutlichen.

Am Anfang hatten Bauern nicht mehr als einen Holzpflug und ein Zugtier (meist Ochse oder Pferd) zur Verfügung. Der Rest war harte, körperliche Arbeit.

Mit der Zeit wurden die Holz- durch Eisenpflüge ersetzt. Sensen und Sicheln kamen hinzu. Pferde zogen mechanische Mähmaschinen. Dreschmaschinen erleichterten die Arbeit. 1892 baute ein Amerikaner den ersten benzingetriebenen Traktor. 1917 begann Henry Ford mit der Massenproduktion von Traktoren. Aber erst 50 Jahre später waren diese millionenfach verbreitet.

Parallel dazu wurden neue Getreidesorten entwickelt, die ertragreicher und widerstandsfähiger waren. Die Chemische Industrie bot Stickstoffdünger an, sodass die Felder zwischendurch nicht mehr brachliegen mussten. Die Bauern bekämpften Unkraut und Schädlinge sehr effektiv mit chemischen Mitteln.

Die Produktion wuchs und wuchs. Ernährte ein einzelner Bauer noch 1850 nur vier Personen, kann er heute etwa 80 Menschen mit Lebensmitteln versorgen. Wenn man diese Zahlen multipliziert, wird die unglaubliche Veränderung sehr schnell deutlich: 100 Bauern können 8.000 Städter versorgen. Vor 150 Jahren reichte es nur für 400.

Deshalb ist unser Problem nicht mehr der Hunger, sondern die Überproduktion. Die Preise in der Landwirtschaft sinken aufgrund des Überangebots ständig. Deshalb sind die Erzeuger gezwungen, immer mehr zu produzieren. So entsteht ein verrückter Wettlauf zwischen Preisverfall und Mehrproduktion. Um weitere Überschüsse zu verhindern, erhalten die Bauern deshalb Prämien, wenn sie auf den Anbau bestimmter Lebensmittel verzichten.

Nicht zu arbeiten ist etwas Positives.

Falls Sie noch Zweifel haben sollten, dass wir ein generelles Überflussproblem haben, möchte ich auf die parallel verlaufende Gewichtszunahme der Bevölkerungen in der westlichen Welt verweisen. In USA sind zwei von drei Menschen übergewichtig, einer von dreien ist sogar fettsüchtig.

In der Landwirtschaft könnte weniger gearbeitet werden. Es würde trotzdem reichen.

Ähnliche Entwicklungen haben sich in der Industrie und in der Verwaltung vollzogen. Die Einzelheiten können Sie in dem hervorragenden Buch von Jeremy Rifkin »Das Ende der Arbeit« nachlesen.

Mich interessiert an dieser Stelle, welche Auswirkungen es auf die Gesellschaft hat, wenn wir an unserer alten Arbeitsethik und unserem überlieferten Leistungsbegriff festhalten. Bisher galt, dass derjenige, der fleißig war, belohnt werden sollte. Die Faulen sollten verrecken.

Besonders führende sozialdemokratische Politiker tun sich immer wieder mit dem Satz hervor: »Wer nicht arbeitet, soll auch nicht essen«. Was bedeutet dieser Satz in einer Gesellschaft, der die Arbeit ausgeht?

Galt Jahrtausende lang Arbeit als notwendiges Übel, wurde sie erst in Preußen, dann im Deutschen Reich und schließlich in Deutschland verherrlicht.

Wir müssen uns dringend wieder daran erinnern, dass die Befreiung von harter Arbeit ein Menschheitstraum war. Nicht zu arbeiten ist etwas Positives. Wie in der Landwirtschaft müssten wir eigentlich jedem eine Prämie zahlen, der freiwillig darauf verzichtet.

Angesichts der Produktivitätsentwicklung und der damit verbundenen fortlaufenden Verringerung der Arbeit, ist es dringend geboten, Einkommen und Beschäftigung nicht länger zu verknüpfen. Auch wer keine Arbeit hat, muss soviel Geld bekommen, dass er bzw. sie am allgemeinen Lebensstandard teilhaben kann. Wir können es uns nicht länger leisten, Menschen zur Arbeit zu zwingen, damit sie Geld verdienen. Sonst werden die Probleme ausgeweitet und verschärft.

Der Wert eines Menschen darf nicht länger mit seiner Leistungsfähigkeit gleichgesetzt werden. Diese unmittelbare Verknüpfung diskriminiert jetzt schon permanent Arbeitslose, Alte und Behinderte. Sie würde es darüberhinaus in Zukunft unnötig erschweren, dass die Mehrheit sich zur positiven Faulheit bekennt.

Stellen Sie sich einmal vor, wir wären eine große Familie. Während die einen mit übergroßem Arbeitseifer enorme Mengen an Lebensmitteln und Waren produzieren, über Geld und Ansehen verfügen, stehen die anderen in der Ecke und dürfen nicht mitmachen. Sie bekommen weder Arbeit noch Geld noch Zuspruch. Schlimmer noch: Die Politiker in der Familie sagen ihnen, dass sie eigentlich nicht einmal mehr essen dürften. Sie seien an ihrer Situation selber schuld. Sie sollten gefälligst arbeiten. Während sie das sagen und denen in der Ecke das Geld weiter kürzen und sie drangsalieren, erhöhen sie ihre eigenen Einkommen und Altersbezüge. – Was ist das für eine Familie?

Um ihnen die Antwort zu erleichtern, möchte ich die Kriterien einer dysfunktionalen, also kranken, gestörten Familie auflisten:

- Mangel an Mitgefühl und Verständnis für bestimmte Familienangehörige;
- ständige starke Spannungen und Konflikte, hohes Stressniveau.
- Einige Familienmitglieder gelten als die Lieblinge, andere werden als schwarze Schafe abgestempelt und an den Rand gedrängt.
- Das dysfunktionale Verhalten wird geleugnet, als normal angesehen oder sogar für richtig und gut erklärt.
- Versprechen werden gebrochen.
- Einzelne Mitglieder der Familie werden ausgegrenzt, diskriminiert.

Das sind nur einige Merkmale einer kranken, gestörten Familie. Und jetzt noch einmal meine Frage:

Was sind wir für bloß für eine Familie?

Darf Arbeit sinnvoll sein?

»Hauptsache, Arbeit!«, »Wie geht's bei der Arbeit?«, »Muss ja!« Das sind die alltäglichen »Bekenntnisse« arbeitender Menschen. Arbeit wird überwiegend als Last statt als Lust empfunden. Sie ist entfremdet. Das heißt, man identifiziert sich nicht mit ihr, weil man weder den Zweck der Arbeit noch die konkrete Ausführung noch die Ergebnisse entscheidend mitbestimmen darf.

Industriekonzerne, Großbetriebe der Landwirtschaft, staatliche und kommunale Verwaltungen bieten Arbeit an. Wer will oder (meistens) muss, greift zu. Der »Job« wird angenommen, weil man das Geld braucht. Deshalb ist der Montagmorgen verhasst und der Freitagnachmittag herbeigesehnt. Das gilt allerdings nur für die Arbeitnehmer mit regelmäßigen Arbeitszeiten. Diejenigen, die auch nachts, sonn- und feiertags schuften müssen, kommen kaum noch in den Genuss eines Feierabends oder eines freien Wochenendes.

Die Entfremdung der Arbeit betrifft nicht nur die so genannten kleinen Arbeiter und Angestellten, sondern ebenso die oberen Ränge, also die Vorstände und ManagerInnen bedeutender Unternehmen. Denen ist es heute auch egal, ob sie Autos, Waschmaschinen, Aktien oder Pudding verkaufen. Hauptsache, Arbeit. Hauptsache, Geld.

Mit dem Argument, dass sie Arbeitsplätze schafft, lässt sich fast jede Politik begründen. Umgekehrt wird gerne das Schreckgespenst beschworen, eine echte Reform würde Arbeitsplätze kosten. Basta! In Zeiten versteckter Massenarbeitslosigkeit ziehen solche schamlosen Rechtfertigungen.

Unsere Schulen sind weitgehend dafür da, aufs Arbeitsleben vorzubereiten. Die Kinder müssen irgendwo geparkt werden, während ihre Eltern sich abstrampeln, das Geld für die Miete und das Essen zusammenzubringen. Früher konnte ein Einzelner eine Familie ernähren. Diese Zeiten sind vorbei. »Working poor« gibt es inzwischen nicht nur in den USA. So werden dort die Armen bezeichnet, die trotz großen Fleißes nicht mehr genügend Einkommen erzielen. Wenn Menschen hart arbeiten und trotzdem arm sind, dann stimmt in der Gesellschaft etwas Grundsätzliches nicht mehr.

Sinnlose Lerninhalte vermitteln Sinnlosigkeit.

Dürfen die SchülerInnen bestimmen, was sie lernen wollen? Nein, natürlich nicht. Wo kämen wir da hin? Sie dürfen später ja auch nicht bestimmen, was produziert wird. In erster Linie geht es darum, dass die SchülerInnen frühmorgens zur Schule kommen und dort bis zum späten Nachmittag bleiben. So werden sie früh an die folgenden Arbeitszeiten gewöhnt. Je weniger Freizeit sie haben, desto besser.

Kinder sind morgens oft noch viel zu müde zum Lernen. Aber das ist egal. Sie sollen Disziplin lernen: morgens pünktlich erscheinen, obwohl sie lieber noch im Bett bleiben würden, und dem Lehrer gehorchen, auch wenn ihre Lerninteressen missachtet werden. Das sind Fähigkeiten, die sie im Berufsleben noch gut gebrauchen können, wenn es darauf ankommt, gar nicht erst zu überlegen, ob die Arbeit sinnvoll ist.

Vielleicht finden Sie, dass ich ein zu negatives Bild von unserem Schulsystem zeichne. Ich würde es gerne anders darstellen. Aber was soll man von Schulen halten, in denen die Noten der Disziplinierung der SchülerInnen dienen? Die es nur selten schaffen, dass die Jugendlichen nach jahrelangem Sprachunterricht in der Lage sind, sich in den gelernten Fremdsprachen zu unterhalten oder auch nur die einfachsten Dinge in entsprechenden Ländern zu regeln? Schulen, die nicht einmal imstande sind, allen Kindern gute Deutschkenntnisse in Wort und Schrift zu vermitteln?

Nachdem lange Zeit die Universitäten Freiräume für kritisch denkende Menschen waren, sahen sich die Landesregierungen veranlasst, dem einen Riegel vorzuschieben. Heute sind die Universitäten »verschult«. Man könnte auch sagen »verfirmt«. Der Einfluss der Wirtschaft auf die Hochschulen ist nämlich enorm gestiegen. Der Leitungsdruck ebenso. Strikte Lehrpläne machen es schwer, sich dem entfremdeten Lernen zu entziehen, wie ich am Beginn des Buchs geschildert habe.

Oft wird gesagt, dass Schulen und Hochschulen auf das Leben vorbereiten sollen. Diesem Anspruch genügen sie. Sinnlose Lerninhalte vermitteln bestens, was viele später in ihren Jobs erleben: Sinnlosigkeit.

Macht es Sinn,
- immer mehr Autos zu produzieren, obwohl die Staus auf den Autobahnen immer länger werden und Parkplätze immer schwerer zu bekommen sind;
- immer mehr Waffen zu produzieren und gleichzeitig die Kriege in der Welt zu beklagen;
- Beschäftigungsgesellschaften zu unterhalten, die nichts anderes produzieren als Beschäftigung?

Ist es sinnvoll,
- Personenzüge herzustellen, die entweder aus den Gleisen springen oder in kurzen Abständen kontrolliert werden müssen, damit sich Zugkatastrophen nicht wiederholen;
- immer größere Flugzeuge und Flughäfen zu bauen, obwohl Flugzeuge hunderte Millionen Tonnen Treibhausgase erzeugen und damit zum Ozonkiller Nummer eins werden und das globale Klima im wahrsten Sinn des Wortes »anheizen«;
- möglichst jeden freien Quadratmeter Boden zu bebauen, die Grünflächen mit Stein, Asphalt und Beton zu versiegeln, damit darunter jedes Leben abstirbt?

Macht es wirklich Sinn,
- Milliarden in ein Gesundheitssystem zu stecken, das diesen Namen nicht mehr verdient;
- die Schulen so zu konzipieren, dass sie trotz aller Disziplin immer weniger funktionieren;
- rund um die Uhr zu arbeiten, wenn dadurch die Lebensqualität nicht zu-, sondern abnimmt?

ÄrztInnen, RichterInnen, LehrerInnen, FacharbeiterInnen, Verwaltungsangestellte und viele andere mehr leiden darunter, dass sie zunehmend sinnlose Arbeit leisten müssen. Sie strengen sich aufs Äußerste an und dennoch führen ihre Leistungen nicht zu mehr Gesundheit, Gerechtigkeit und Bildung. Oder sie produzieren Überschüsse, die die Umwelt belasten. Oder sie werden trotz großer Mühe den Wünschen der BürgerInnen nicht gerecht.

Die Sinnlosigkeit der Arbeit wird dadurch begünstigt, dass unsere Gesellschaft Arbeitssucht positiv beurteilt und sogar fördert. So wie ein Alkoholiker trinkt, was immer er bekommen kann, so ist es einem Workoholic egal, was er arbeitet. Der Sinn spielt keine Rolle. Die Menge ist wichtiger als die Qualität.

In Führungspositionen ist es selbstverständlich, immer im Einsatz zu sein. Die Bundeskanzlerin und die Minister sind jederzeit erreichbar. Die Vorstandsvorsitzenden großer Konzerne brüsten sich mit der Zahl ihrer Flugkilometer. Verhandlungen bis in die Morgenstunden erhöhen das Ansehen.

Die Familienbeziehungen und andere soziale Kontakte werden für die Arbeit, die über alles geht, gern geopfert. Ehefrauen, die die ständige Abwesenheit ihrer arbeitssüchtigen Männer nicht mitmachen wollen, werden kurzerhand durch neue ersetzt oder es wird ganz auf sie verzichtet. Sie sind dem Arbeitssüchtigen irgendwann egal. Die Kinder werden für PR-Zwecke missbraucht. Es werden keine Beziehungen zu ihnen aufgebaut. Nach außen scheint alles in Ordnung zu sein. Doch in Wirklichkeit existiert kein Privatleben.

Wer solch einen extremen Einsatz zeigt, hat kein Verständnis für MitarbeiterInnen, die abends nach Hause gehen, ein freies Wochenende haben und regelmäßig ungestörten Urlaub machen wollen. Jeder, der nicht arbeitssüchtig ist, wird mit einem missbilligenden Kopfschütteln als »freizeitorientiert« wahrgenommen. Deutschland erscheint solchen Menschen trotz der hohen Leistungsbereitschaft und des übertriebenen Arbeitseifers der meisten BürgerInnen als »Freizeitpark«.

Allerdings wäre es vermessen, von Workoholics zu erwarten, dass sie sich Gedanken über den Sinn ihrer Arbeit machen. Wer würde von einem dem Alkohol Verfallenen verlangen, dass er die Wirkung seines Trinkens noch zutreffend beurteilt?

Reduzierte Vollzeitbeschäftigung

Die 40-Stunden-Woche war schon in den 1960er Jahren anachronistisch. Seitdem ist die Produktivität weiter gewachsen. Angemessen wäre heute allenfalls eine 10- bis 20-Stunden-Woche. Wir brauchen eine neue (reduzierte) Vollbeschäftigung für alle, die gerne arbeiten möchten.

Wünschenswert wäre darüber hinaus ein bedarfsdeckendes garantiertes Grundeinkommen, damit der Zwang zur Arbeit und die Schikanen durch die Arbeitsverwaltung endlich aufhören würden. Wir benötigen keine Mobilisierung der letzten Arbeitsreserven. Es besteht ein Überangebot an Arbeitskräften. Ärzte, AnwältInnen, ArchitektInnen, IngenieurInnen, Kaufleute, Verwaltungsangestellte, BäuerInnen: Wo man auch hinschaut, überall sind mehr als genug. Ausnahmen bestätigen die Regel.

Faule Menschen braucht das Land. Wir könnten froh sein über jeden, der gegen Zahlung einer »Stilllegungsprämie« bereit wäre, ein Leben ohne Arbeit zu führen. Das garantierte, bedingungslose Grundeinkommen würde dazu führen, dass sich die Beschäftigten beruflich neu orientieren können. Niemand müsste in ungeliebten Jobs ausharren. Die Arbeitgeber müssten sich Mühe geben, ein Betriebsklima zu schaffen, in dem ihre Angestellten sich gerne aufhalten. Derzeit können Arbeitgeber diejenigen einfach wegschicken, denen es nicht passt, weil draußen Millionen andere Schlange stehen. Sie nutzen das Überangebot an Arbeitskräften aus und werden ihrer Verantwortung nicht mehr gerecht.

Nach dem Zweiten Weltkrieg war Deutschland weitgehend zerstört. Allein das ist der Grund, warum es so viel Arbeit gab. Die Häuser mussten wiederaufgebaut werden, ebenso die Fabriken, Schulen, Gemeinde- und Stadtverwaltungen. Jeder, der halbwegs gesund war, wurde mit offenen Armen willkommen geheißen. Schon Mitte der 1950er-Jahre warb man so genannte Gastarbeiter für die Landwirtschaft an, wenige Jahre später auch für die Industrie.

Unternehmen lockten mit Betriebsrenten und anderen Vergünstigungen, um alle Arbeitsplätze besetzen zu können. Es waren goldene Zeiten für Arbeiter und Angestellte. Selbst für Ungelernte und Angelernte war es kein Problem, relativ gut bezahlte Arbeit zu finden. In den Häfen, wo damals noch nicht der Containerbetrieb Einzug gehalten hatte, fanden Arbeiter für einen Tag (sogenannte Tagelöhner) oder länger einen Broterwerb. Wer genug Geld in der Tasche hatte, machte erst weiter, wenn es zur Neige ging. Solch unstete Beschäftigung ist heute völlig verpönt, weil sie als Zeichen mangelnder Arbeitsbereitschaft angesehen wird. Abgesehen davon sind kurzzeitige Beschäftigungen heute fast nur noch im Rahmen von Zeitarbeitsfirmen verbreitet.

Die Nachkriegsjahre haben das Bewusstsein der Menschen geprägt. Deshalb glauben heute noch so viele, Vollbeschäftigung mit 40 Stunden und mehr sei grundsätzlich möglich. In Wirklichkeit war es eine abnorme Situation. Die Kriegsgeneration hatte alles zerstört und musste es wieder aufbauen. Normalerweise muss niemand so hart arbeiten, wie es damals üblich war.

Als die Arbeit dann knapper wurde, weil die Zeit des Wiederaufbaus vorbei war, hörte man hin und wieder Ältere sagen, es müsse wieder Krieg geben, damit die Menschen Arbeit bekämen. Ist das nicht der blanke Irrsinn?

Manche sagen, es müssten neue Massenprodukte wie das Auto oder die Waschmaschine erfunden werden, damit ein neuer Beschäftigungsboom entstünde. Auch das wird nicht passieren. Diese Erfindungen basierten darauf, dass man in allen Lebensbereichen nach Erleichterungen suchte, die das Leben bequemer machten. Heute leben wir angenehm und komfortabel. Mehr ist kaum möglich.

Wir haben uns nicht nur von schwerer Arbeit befreit, sondern überhaupt von der Notwendigkeit, für ein gutes Leben viel tun zu müssen. Ein paar Stunden pro Woche würden genügen, um den Lebensstandard zu wahren. Man könnte sogar daran denken, etwas Ähnliches wie den Emissionsrechtehandel aufzuziehen. Jeder hätte, sagen wir, einen Anteil von zehn Wochenarbeitsstunden, den er auf auf diejenigen übertragen könnte, die gerne 20, 30, 40 oder 50 Stunden in der Woche arbeiten möchten. Warum nicht?

Jeder könnte in diesem irdischen Paradies, in dem Milch und Honig fließen, ohne große Anstrengung leben. Und was tun wir? Wir machen aus dieser himmlischen Situation ein Drama mit bedrückender Armut auf der einen und unbeschreiblichem Luxus auf der anderen Seite. Wollen Sie, dass das so bleibt?

Jahrhundertelange Gehirnwäsche

Jede Geschichte hat eine Vorgeschichte. Wenn heute viele meinen, Disziplin und Arbeitseifer seien gut, Faulheit dagegen schlecht, so ist das nicht ihre eigene Erkenntnis, sondern Teil der überlieferten Glaubenssätze unserer Gesellschaft. »Ohne Fleiß kein Preis«, »Morgenstund hat Gold im Mund«, »Der frühe Vogel fängt den Wurm«, »Müßiggang ist aller Laster Anfang«, »Faul wie die Sünde sein«: Es mangelt nicht an Sprichwörtern und Redensarten, die das süße Leben verteufeln und harte Arbeit verherrlichen.

Die Grundüberzeugung aller Disziplinierten und Arbeitseifrigen kommt wohl am besten in der Bibel, Psalm 90, Vers 10 zum Ausdruck: »Unser Leben währet siebzig Jahre, und wenn's hoch kommt, so sind's achtzig Jahre, und wenn's köstlich gewesen ist, so ist es Mühe und Arbeit gewesen; denn es fährt schnell dahin, als flögen wir davon.«

So hat es Luther übersetzt und so hat es sich ins kollektive Bewusstsein eingebrannt: Arbeit als das Köstlichste im Leben.

Faulheit ist nach dem Katechismus der Katholischen Kirche eine der sieben Todsünden. Allerdings ist fraglich, ob es sich dabei nicht um einen Übersetzungsfehler handelt. »Acedia« bezeichnet wohl eher die Nachlässigkeit, die Trägheit des Herzens und als Gemütszustand die Traurigkeit und Melancholie, also das, was wir heute »Depression« nennen würden; denn zu den »Töchtern« der Acedia gehören die Verzweiflung und die Gleichgültigkeit.

Verständlicherweise waren die Könige und Päpste dieser Welt sehr daran interessiert, dass ihre Untertanen fleißig waren. Sie selber arbeiteten nämlich nicht. (Das ist übrigens nicht die Faulheit, die ich meine!) Vielmehr verlangten sie Abgaben von ihren Landeskindern. Sie schöpften die Überschüsse der Bauern und Handwerker ab, die denen ein bequemes Leben erlaubt hätten. Waren keine Überschüsse vorhanden, bedeutete das für das Volk, dass es hungern musste, um der Kirche und dem Königshof ein feudales Leben zu ermöglichen.

Privilegierte fordern öffentlich Fleiß, Disziplin und harte Arbeit.

Man könnte darüber nachdenken, inwieweit sich solche Hofstaat-Allüren bis in die Moderne fortgesetzt haben. Die Regierung mit ihrem Beamtenapparat, die Abgeordneten mit ihren Privilegien erwecken nicht immer den Eindruck, als sei ihnen bewusst, dass sie in einer Demokratie eine dienende Aufgabe haben und nicht die Vorherrschaft des Adels mit anderen Mitteln wiederherstellen sollen.

Wenn die üppigen Bezüge der Abgeordneten sprachlich raffiniert als »Diäten« getarnt werden, hohe Altersbezüge schon nach wenigen Jahren verdient sind, während die Normalbevölkerung dafür Jahrzehnte schuften soll, können einem Zweifel kommen, ob sich hier nicht eine neue Klasse etabliert hat, die mit dem gemeinen Volk nichts mehr zu tun haben will. Arbeiten PolitikerInnen eigentlich? Wenn sie stundenlang darüber diskutieren, wie viel *die anderen* arbeiten sollen, wann die BürgerInnen Rente bekommen und wem welche Leistungen gekürzt werden, muss man das nicht zwangsläufig als Arbeit betrachten. (Auch in diesem Politikerverhalten kommt keine positive Faulheit zum Ausdruck.)

Achten Sie einmal darauf, wer öffentlich Fleiß, Disziplin, und harte Arbeit fordert. Fragen Sie diese Leute nach ihren Einkommens- und Vermögensverhältnisse. Prüfen Sie, ob sie eine privilegierte Stellung genießen. Und dann ziehen Sie Ihre Schlüsse.

Wie immer man die heutigen Verhältnisse beurteilt, jedenfalls ließen Adel und Kirche jahrhundertelang keinen Tag vergehen, an dem sie nicht das Blut, den Schweiß und die Tränen ihrer Untertanen verlangten. Sie selber vertrieben sich die Zeit bei der Jagd, mit Mätressen, Fress- und Saufgelagen und ähnlichen Pläsierchen.

Durch Indoktrination und brutale Gewalt wurde den Menschen systematisch jeder Anflug von Faulheit ausgetrieben. Sie wurden buchstäblich zur Arbeit gepeitscht. Höllenqualen wurden ihnen nach dem Tod in Aussicht gestellt, wenn sie nicht spurten. Ihnen wurde eingeredet, dass es Gott gefalle, wenn sie von früh bis spät schufteten, und dass ihm keine Nachlässigkeit entgehe. Der überwiegend auf Ausbeutung beruhende Wohlstand der Reichen wurde als Zeichen göttlichen Erwähltseins hingestellt. Durch diese Ideologie war gewährleistet, dass die Täter kein schlechtes Gewissen quälte, während die Opfer physisch und psychisch unter maximalen Druck gesetzt wurden.

Daher überrascht es nicht, dass die Arbeitswütigen auch heute noch wie Flagellanten wirken. Flagellanten oder Geißler (sic!) hießen im Mittelalter die christlichen Eiferer, die sich selbst peitschten, um Buße zu tun und sich von ihren Sünden zu reinigen. Für die, die es immer noch nicht begriffen haben: Man nannte die Selbstgeißelung »disciplina« (Erziehung). Die bösen Leidenschaften sollten bekämpft werden. Neben der Buße ging es um die körperliche Vergegenwärtigung der Leiden Christi.

Dieses abstoßende Schauspiel wurde auf die Spitze getrieben, indem der sich geißelnde Asket die Schläge zählte und sich zu immer neuen Höchstleistungen antrieb. Was wir heute in der Arbeitswelt erleben, ist eine säkularisierte Form von Selbstgeißelung.

Die Zeit ist reif, solche Vorstellungen, die aus der Kindheit der Menschheitsgeschichte stammen, aufzugeben. Gott ist kein Idiot. Auf so dumme Ideen kommen nur Menschen.

Faulheit ist keine Sünde, Fleiß keine himmlische Tugend.

Die in Europa lebenden Menschen wurden Opfer einer Gehirnwäsche. Von hier aus verbreitete sich dieser Wahnsinn in alle Welt. Die an Raserei grenzende Arbeitswut wurde zum westlichen Lebensstil. Andere Nationen und Kulturen teilen diesen europäisch-amerikanischen »way of life« bis heute nicht, zumindest nicht in diesem Ausmaß. Sonst sähe alles noch schlimmer aus.

Sind kollektive Zwangsstörungen heilbar?

Alte Gewohnheiten sind schwer zu überwinden. Jeder, der mal versucht hat, abzunehmen, ein Fitnesstraining zu beginnen oder das Rauchen aufzugeben, weiß das. Trotzdem ist es nicht unmöglich.

Große Veränderungen bringen viel Stress mit sich. Nach einiger Zeit gewöhnt man sich jedoch an die neuen Verhältnisse.

Dasselbe ist zu erwarten, wenn wir beginnen, fauler zu sein. Den meisten wird es am Anfang sehr schwer fallen. Faulheit will gelernt sein. Es ist eine Fähigkeit, die vielen abhandengekommen ist. Der Übergang wird mit Stress verbunden sein. Aber sobald die Übereifrigen genügend Erfahrungen mit dem süßen Leben gesammelt haben, werden sie sich vom Saulus zum Paulus wandeln. Die Vorteile des neuen Lebensstils überzeugen.

Am Anfang ist mit inneren und äußeren Widerständen zu rechnen. Das ist normal. Es fühlt sich immer ungewohnt an, etwas Neues zu lernen. Allerdings werden die meisten auf die Erfahrungen, die sie im Urlaub oder bei anderen Gelegenheiten mit dem Müßiggang gemacht haben, zurückgreifen können. Viele gestatten sich ein entspanntes Leben nur, indem sie krank werden. Unsere Gesellschaft ist so sehr von Disziplin und Arbeitseifer überzeugt, dass sie Ausnahmen nur den Kranken erlaubt.

Als ich noch als Angestellter arbeitete, wurde es in der Firma gerne gesehen, dass die kranken MitarbeiterInnen sich morgens mit Fieber zur Arbeit schleppten, um zu zeigen, wie schlecht es ihnen ging. Die Personalleiterin schickte sie dann großzügigerweise nach Hause. In der Zwischenzeit hatten die Fiebernden natürlich schon andere angesteckt, so dass die Grippe sich schnell ausbreitete. So pervers ist übertriebene Leistungsbereitschaft!

Süchtige lassen nicht einfach so von ihrem ruinösen Verlangen. Deshalb wird die kollektive Arbeitssucht nicht von allein verschwinden. Jared Diamond hat in seinem Buch »Kollaps« untersucht, warum Gesellschaften überleben oder untergehen. Im Prinzip ist es wie bei Individuen. Manche nehmen wahr, dass etwas schief läuft und ändern ihre Gewohnheiten. Andere ignorieren und leugnen ihre Probleme. Wenn sie dann kurz vor dem Ende sind, entsteht ein kritischer Moment. Entweder sie ändern sich im letzten Augenblick oder sie gehen unter.

Faulheit will gelernt sein.

Viele Anzeichen sprechen dafür, dass wir uns dem kritischen Punkt nähern. Zur Zeit folgen wir einem Plan, den manche als Selbstmordprogramm qualifizieren. Die übermäßige Produktion von Waren und der extreme Konsum verbrauchen die Ressourcen des Planeten in rasender Eile. Gleichzeitig entstehen Abfälle jeder Art, die die Erde zunehmend vergiften. Von der sich anbahnenden Klimakatastrophe ist in den Medien fast täglich die Rede. Die Frage ist, ob wir im letzten Moment einen neuen Weg einschlagen oder im Delirium des Arbeitswahns und nach einem allerletzten Konsum-Feuerwerk lieber untergehen.

Auch wenn es auf den ersten Blick nicht so aussehen mag, besteht durchaus Hoffnung. Selbst psychische Zwangsstörungen sind heute heilbar. Wer unter inneren Zwängen leidet, vollführt absurde, vollkommen unnötige Handlungen. Der Betroffene meint beispielsweise, sich ständig waschen oder den Herd kontrollieren zu müssen. Er hat zwar Einsicht in die Verrücktheit seines Tuns, macht aber trotzdem weiter.

Ist das nicht genau unsere Situation? Wissen wir nicht längst, dass wir auf einem falschen Weg sind? Und machen wir nicht trotz der gewonnenen Einsichten in die Probleme einfach weiter?

Wir haben die Wahl. Wir können ignorieren, dass unser Lebensstil samt Disziplin und Fleiß uns in eine lebensbedrohliche Situation gebracht hat. Wir können weiter leugnen, dass es überall fast ausweglos scheinende Krisen gibt: in der Umwelt, in der Wirtschaft und in der Gesellschaft.

Wir können auf weitere Katastrophen wie Tschernobyl oder Fukushima warten. So lange zögern, bis uns durch den steigenden Meeresspiegel das Wasser buchstäblich bis zum Hals steht. Uns entscheiden, lieber zu sterben.

Oder wir können uns ändern. Jetzt!

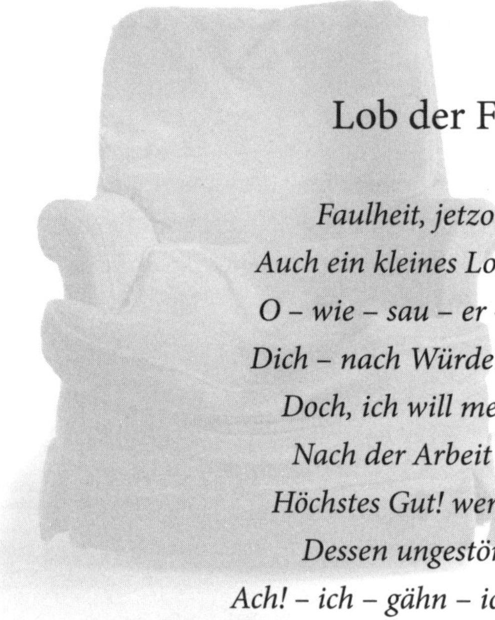

Lob der Faulheit

Faulheit, jetzo will ich dir
Auch ein kleines Loblied bringen. –
O – wie – sau – er – wird es mir, –
Dich – nach Würden – zu besingen!
Doch, ich will mein Bestes tun,
Nach der Arbeit ist gut ruhn.
Höchstes Gut! wer Dich nur hat,
Dessen ungestörtes Leben –
Ach! – ich – gähn – ich – werde matt –
Nun – so – magst du – mirs vergeben,
Daß ich Dich nicht singen kann;
Du verhinderst mich ja dran.

Gotthold Ephraim Lessing, 1751

Die Tugend der Faulheit

Eine Frage des Bewusstseins

Gibt es wirklich Alternativen zur Disziplin? Verfällt die Welt nicht in Chaos, wenn wir aufhören, uns mithilfe von Angst und schlechtem Gewissen zu manipulieren? Brauchen wir nicht Zwang, weil wir sonst aufhören, uns um unsere dringenden Interessen zu kümmern? Kennen wir nicht alle Menschen, die nur aktiv werden, wenn sie einen Tritt in den Hintern bekommen? Haben wir nicht manchmal selbst diese Erfahrung gemacht?

Diese oder ähnliche Fragen kommen auf, wenn ich über den Segen der Faulheit spreche. Mich überrascht das nicht. Ich rechne damit. Wir haben so lange in einem Untertanensystem gelebt (in Deutschland zu weiten Teilen noch bis 1989), dass Änderungen nicht von heute auf morgen möglich sind.

Arbeit und Leistung waren lange Zeit die höchsten Werte dieser Gesellschaft. Liebe kam nur am Rande vor. Kreativität wurde mit Argwohn betrachtet. Entspannung war als Abweichung von der Norm unerwünscht. Glück galt als Gottesgnade.

Wer sein Leben lang gegängelt wird, verlernt, wie man aus eigener Initiative selbstmotiviert etwas anpackt, weiß nicht mehr, wie man sich berufliche und private Ziele setzt und Schritt für Schritt, nach Lust und Laune, verwirklicht.

Nur wenige hatten früher das Glück, in einer Umgebung aufzuwachsen, die ihre Interessen geachtet hat. Für die meisten galten Lehrpläne, die sie sich nicht aussuchen konnten. Sie wurden auf Krieg programmiert. Ein langes, hartes Arbeitsleben für die Profite der Reichen und Mächtigen sollte ihr Schicksal werden. Die Gedanken, die sie hatten, hielten sie für ihre eigenen, obwohl es nur traditionelle Denkweisen waren. Sie glaubten manchmal sogar, frei zu sein, während sie doch in Wirklichkeit nur den vorgegebenen Bahnen folgten.

Erst in der zweiten Hälfte des 20. Jahrhunderts haben mehr Menschen einen Einblick in ihre inneren Strukturen bekommen. Einige erkannten, dass sie die Programmierungen seitens der Familie, der Schule sowie der Gesellschaft löschen und durch neue ersetzen konnten. Viele, die schon wenige Wochen nach der Geburt als ChristInnen getauft worden waren, traten aus der Kirche aus. Wer wollte, konnte stattdessen Atheist, Agnostiker, Buddhist, Hinduist, Moslem, Jude, Taoist oder was auch immer werden.

Durch die immer schnellere Verbreitung von Informationen war es in den vergangenen Jahrzehnten auf einmal möglich, in allen Bereichen neue Wege einzuschlagen. Die Psychologie entwickelte sich in den letzten 100 Jahren zu einer hilfreichen Wissenschaft. Dadurch wurden immer mehr geistige Störungen, die lange Zeit unzureichend als »Gemütskrankheiten«, »Nervosität« oder »Irresein« klassifiziert worden waren, heilbar. Depressionen, Angstzustände und Traumata müssen kein lebenslanges Schicksal mehr bleiben.

Bis diese umwälzenden Informationen Allgemeingut geworden sind, wird es jedoch noch etwas dauern. Die Ausbreitung von Wissen ist bestimmten Gesetzen unterworfen. Am Anfang sagen alle: unmöglich. Die Avantgarde wird stets verlacht, nicht selten bekämpft und manchmal sogar verfolgt. Trotzdem lässt sich neues, überlegenes Bewusstsein auf Dauer nicht mehr unterdrücken. Am Ende sagen die einstigen KritikerInnen: Das haben wir doch schon immer gewusst.

Ein neues Bild des Menschen und der Welt

Die Erde ist ein freundlicher Ort, nicht das Jammertal, als das es im Mittelalter beschrieben wurde, auch nicht das feindliche Terrain, wo Säbelzahntiger den Menschen das Überleben schwer machen, wie es diejenigen ausmalen, die über die Frühzeit spekulieren.

Die Wahrscheinlichkeit zu überleben war stets größer als zu sterben. Anders wäre die Überbevölkerung des Planeten überhaupt nicht zu erklären. Es lässt sich hier sehr gut leben. Für Survival-Freaks wie Rüdiger Nehberg ist Deutschland keine Herausforderung. Bei einer Wanderung von Hamburg nach Oberstdorf lebte er nur von dem, was er in der Natur fand. Das reichte ohne Probleme aus, um die Strecke in 23 Tagen zurückzulegen.

Der Ursprung des Menschen liegt angeblich in den Savannen Afrikas. Wenn er nicht auf die absurde Idee gekommen wäre, unbedingt den Norden besiedeln zu wollen, hätte der Mensch sich um Heizmaterial, Winterbekleidung, Vorräte und was man noch so braucht, um die Kälte zu überleben, überhaupt nicht kümmern müssen. Die nördlichen Länder sind für Eisbären besser geeignet als für Menschen.

Die frostigen Regionen haben allerdings einen anderen Vorteil. Die Industrieproduktion mit ihren fleißigen ArbeiterInnen findet überwiegend in den kälteren Gebieten, also im Norden dieser Erdkugel, statt. Sie hilft uns die Probleme zu lösen, die wir nicht hätten, wenn wir im Süden leben würden. Deshalb beneiden die Bewohner des Nordens seit jeher die des Südens. Das süße Leben spielt auf der Sonnenseite. Siesta, dolce vita, mañana: Deutsche Dichter träumten immer von Italien oder anderen Mittelmeerländern. Die deutschen Urlauber sehen das genauso.

Was es an ungelösten Problemen auf diesem Planeten gibt, hat weniger mit dem Lebensraum Erde zu tun als mit der Unfähigkeit des Menschen, das Paradies auszuhalten. Kriege, Hunger und Ausbeutung müssten nicht sein. Erst dadurch, dass die einen die anderen überfallen, ausplündern und missbrauchen, entstehen die Schwierigkeiten, unter denen Abermillionen leiden.

Selbst die meisten Krankheiten und Unfälle müssten nicht passieren. Zeitweise kamen in Deutschland in zwölf Monaten 19.000 Menschen beim Autoverkehr ums Leben. Das ist eine ganze Kleinstadt! Jetzt sind es immer noch 4.000 Tote. Dazu kommen jährlich hunderttausende Verletzte, zum Teil Schwerverletzte. – Und da regen sich die Leute über zehn Minuten Verspätung bei der Deutschen Bahn auf!

Eine Vielzahl von Krankheiten ist allein durch das moderne Leben bedingt. Es sind keine Mangel-, sondern Überflusskrankheiten. Zu viel Zucker, Mehl und Fett zehren an der Gesundheit.

Wenn Mangel herrscht, dann höchstens an Bewegung. Wie Sie bereits wissen, bin ich kein Anhänger harten Trainings. Sanfte, lustvolle Bewegungen fühlen sich gut an und sind gesund. Genau darauf verzichten viele.

Noch ein Mangel kommt hinzu: der an Ruhe und Schlaf. Wenn sie nicht arbeiten, stimulieren viele sich ununterbrochen durch alle möglichen Reize: Radio, Fernsehen, Internet und Computerspiele gehören sicherlich zu den häufigsten Mitteln, die die Sinne einem unaufhörlichen Feuerwerk aussetzen.

Mord und Totschlag gehören zu den beliebtesten Unterhaltungen am Bildschirm und in Büchern. Europa ist zwar friedlicher geworden, als dies jahrtausendelang der Fall war; aber in den Köpfen der Menschen tobt der Krieg weiter.

Nur langsam setzt sich ein neues Bild des Menschen, des Lebens und der Welt durch. Wir leben in einem Paradies, in dem Überfluss herrscht. Niemand müsste hungern. Harte Arbeit könnte der Vergangenheit angehören. 99 Prozent des Stresses wären vermeidbar. Diktaturen sind überflüssig wie ein Kropf.

Wir haben in Deutschland vor circa 70 Jahren begonnen, auf Gewalt in den Familien, in der Schule, in den Fabriken und gegenüber den Nachbarländern zu verzichten. Dieser Prozess braucht seine Zeit und ist noch nicht abgeschlossen.

Preußen ist verschwunden. Wenn die Gräuel der durch das Deutsche Reich geführten Kriege einen Sinn gehabt haben sollten, dann bestünde er einzig darin zu begreifen, dass Gewalt aus Politik und Gesellschaft verbannt werden muss.

Gewalt zwischen Menschen ist in vielen Regionen der Welt noch immer ein ungelöstes Problem. Weltweit wird sie in aller Selbstverständlichkeit gegen die Natur angewandt. Mit Tieren und Wäldern wird brutal umgegangen. Die Umwelt wird bedenkenlos zerstört. Dass Gewalt als Unterhaltung konsumiert wird, ist ein weiteres Zeichen, dass das menschliche Bewusstsein noch nicht bei allen voll entwickelt ist.

Trotzdem ist es so, dass Menschen in ihrer Mehrzahl freundlich sind. Vielleicht ist genau das der Grund, weshalb sie nicht entschlossen genug gegen ausbeuterische und gewalttätige Einzelpersonen vorgehen. »Die Macht der Männer ist die Geduld der Frauen« hieß 1978 ein Film, der sich mit Gewalt von Männern gegen Frauen auseinandersetzte. Dieser Titel beschreibt sehr gut eine mögliche Ursache gesellschaftlicher Missstände. Als in der DDR die Massen »Wir sind das Volk« riefen, war die Macht der Minderheit, die eine Diktatur aufgebaut hatte, gebrochen.

Menschen sind oft zu freundlich und duldsam. Sie lassen zu viel Machtmissbrauch zu. Sie gestatten anderen Privilegien, die nicht gerechtfertigt sind. Würden sie entschiedener für die Menschenrechte eintreten, käme die Entwicklung einer gerechten Gesellschaftsordnung schneller voran.

Ich empfehle Ihnen, die Allgemeine Erklärung der Menschenrechte und die Grundrechte unserer Verfassung einmal im Wortlaut zu lesen. Sie finden die entsprechenden Texte mühelos im Internet, die Menschenrechtserklärung zum Beispiel auf der Seite von Amnesty International. Es lohnt sich.

Die Zeit ist reif zu begreifen, dass die Erde kein Jammertal ist und die Menschen keine Sünder, die mit Gewalt und Zwang diszipliniert werden müssten. Die drängendsten Probleme, die das Bild der Welt heute noch prägen, sind durch Unwissenheit – um nicht zu sagen: Dummheit – selbst verschuldet. Aber gerade deshalb sind sie lösbar.

Dann ist das Leben kein Kampf um den Selbsterhalt mehr, sondern ein reizvolles Spiel. Oder ein großes Abenteuer. Oder ein anmutiger Tanz.

Intelligente Lösungen dringend gesucht

Was Disziplin bedeutet, haben wir einige Seiten zuvor ausführlich erfahren.

Wer zur Disziplin erzogen ist, tut das, was verlangt wird, nur solange jemand mit einem Knüppel hinter ihm steht. Alle erdenklichen negativen Konsequenzen können danach den Stock ersetzen. Die Eigeninitiative wird dabei abgetötet. Später leiden viele, die so erzogen wurden, unter der Unfähigkeit, sich selbst motivieren zu können. Selbst wichtige Dinge bleiben so lange liegen, bis die Angst vor den unangenehmen Folgen größer wird als die Unlust, die notwendigen Aufgaben zu erledigen.

Langfristig ist dieses Verhalten selbstschädigend. Wer nicht lernt, sich eigene Ziele zu setzen und diese umzusetzen, ist nicht in der Lage, eigene Interessen zu verfolgen und ein selbstbestimmtes Leben zu führen. Das ist eine Form von Behinderung. Talente liegen brach. Das eigene Potenzial wird nicht ausgeschöpft.

Die meisten verinnerlichen mit der Zeit die von außen auferlegten Zwänge und entwickeln Selbstdisziplin. Das kann funktionieren. Allerdings verlieren diese Menschen oft die Lust an ihrem Tun. Sie handeln, weil sie sich verpflichtet fühlen. »Man muss ja«, sagen sie. Damit zahlen sie einen hohen Preis. Spaß, Lebensfreude und Lust werden für sie zu Fremdworten.

Schuld daran sind frühe Erziehungsfehler durch Eltern und Lehrer. Ich habe ausführlich dargelegt, dass unsere Gesellschaft, trotz der freiheitlichen Verfassung, noch weitgehend ein Zwangssystem ist.

In der Schule wird mittels der Noten ein ständiger Druck ausgeübt. Die Lerninhalte sind fremdbestimmt. Fast das gesamte Was, Wann, Wo und Wie liegt in den Händen der Schulverwaltung (nicht einmal der LehrerInnen!).

Die Wirtschaft und die Banken gehören Wenigen. Die 500 reichsten Deutschen besitzen laut Ratinglisten rund 3.300 Milliarden Euro, also die Hälfte des Gesamtvermögens aller BürgerInnen. Der jährliche Bundesetat beträgt demgegenüber nur 305 Milliarden. Die so gut wie besitzlosen anderen müssen ihre Arbeitskraft verkaufen, und zwar zu den Bedingungen, die Wirtschaft und Politik bestimmen. Das bedeutet faktisch einen Zwang zur Arbeit.

Die Politik verschärft diesen Druck, indem sie soziale Leistungen – wie das Bundesverfassungsgericht festgestellt hat – in verfassungswidriger Weise kürzt und damit den eigentlich garantierten Sozialstaat ad absurdum führt.

Die Folgen sind ausschließlich negativ: regelmäßig wiederkehrende Krisen im Wirtschafts- und Finanzsystem, soziale Unruhen, Verelendung, Kinderarmut, mangelnde Chancengleichheit, Wahlverweigerung, Working poor (Menschen, die arm sind und bleiben, obwohl sie hart arbeiten), Spaltung der Gesellschaft und vieles mehr.

Zu den Folgen der repressiven Politik gehört auch, dass sich die Spitzenpolitiker weltweit nur noch unter Polizeischutz treffen können. Als ich Kind war, fuhren die amerikanischen Präsidenten noch, von der Bevölkerung in Berlin umjubelt, in offenen Limousinen durch die Stadt. Wenn heute ein Präsident anreist, ist er nur noch per Hubschrauber unterwegs, die Gullydeckel werden verschweißt und die Straßen weiträumig gesperrt. Begegnungen finden nur noch mit handverlesenen BürgerInnen statt.

Der G8-Gipfel 2007 in Heiligendamm ist vielen noch in Erinnerung. Falls nicht, haben Sie im Internet die Möglichkeit, noch einmal nachzulesen, was dieses Treffen gekostet hat und wie umfangreich die Sicherungsmaßnahmen waren. Keine dieser internationalen Konferenzen ist mehr ohne Verletzte und manchmal sogar Tote unter den Demonstranten möglich. Für Demokratien ist das beschämend.

Wann beginnen wir, mit uns und anderen freundlicher umzugehen?

Dabei sind Disziplin, Zwang und die damit einhergehenden individuellen, gesellschaftlichen und politischen Folgen vollkommen unnötig.

Ich habe bereits beschrieben, dass wir nicht mehr unter Mangel, sondern Überfluss leiden. Lange Arbeitszeiten wären bei einer neuen Verteilung der Aufgaben und des Einkommens unnötig. Gewaltfreie Kommunikation könnte die sozialen Spannungen in der Familie, in den Schulen, am Arbeitsplatz und in der politischen Auseinandersetzung abbauen. Der amerikanische Psychologe und Mediator Marshall Rosenberg und andere haben dafür ausgezeichnete Modelle vorgelegt, die sich in der Praxis bewährt haben.

Anstelle der Disziplin sind intelligentere Lösungen denkbar. Um sich und andere zu motivieren, eignet sich beispielsweise die von William Miller und Stephen Rollnick entwickelte motivierende Gesprächsführung (motivational interviewing) sehr gut. Sie nimmt wenig Zeit in Anspruch und hat den großen Vorteil, dass sie sich nicht missbrauchen lässt. Wer keine guten Gründe hat, etwas zu tun, ist mit dieser Methode nicht zum Handeln zu bringen. Mehr dazu im Kapitel »Gut leben ohne Disziplin und Willensstärke«.

Wir brauchen keinen Zwang.

Das ABC, das Sie in der Schule nicht gelernt haben

Wenn einmal die Geschichte der Psychologie geschrieben wird, werden die Namen Albert Ellis und Aaron T. Beck ganz weit vorne stehen. Das ist nicht nur die Überzeugung Martin Seligmans, der selbst einige bedeutende Beiträge zu dieser noch jungen Wissenschaft geleistet hat.

Welche Entdeckung hat Albert Ellis 1955 gemacht, die ihm in der Fachwelt so viel Ruhm eingetragen hat? Nachdem er einige Jahre Zeit erfolglos Psychoanalyse bei seinen PatientInnen angewandt hatte, war er auf der Suche nach wirksameren Methoden. Dabei stieß er auf einen Satz des Philosophen Epiktets: Nicht die Dinge selbst beunruhigen die Menschen, sondern ihre Urteile und Meinungen über sie. Diese Erkenntnis löste eine Revolution in der Psychotherapie aus.

Bis dahin war man sich einig, dass Menschen auf die äußeren Umstände reagieren. Die Verhaltenstherapeuten waren sehr stolz auf ihr A-C-Modell. Es war ein einfaches Reiz-Reaktions-Schema mit A als äußerem Reiz und C als dem äußeren Verhalten. Sie hatten beobachtet, dass ein bestimmtes Objekt, zum Beispiel eine Schlange, zu einem vorhersagbaren Verhalten der Versuchspersonen führt (Angst, Flucht). Damit glaubten sie, die Psychologie von allen subjektiven Phänomenen wie Gedanken, Fantasien und Erwartungen, die sich allein in der inneren Welt der Menschen zutrugen, befreit zu haben. Objektivität galt als das Ideal reiner Wissenschaft.

Leider hatten die Behavioristen damit ein Modell aufgestellt, das ausgerechnet das Wichtigste bei Menschen (und wahrscheinlich auch bei allen höher entwickelten Tiere) ausklammerte. Menschen denken und fühlen. Allerdings war ihr Fehler naheliegend: bildet doch auch die Alltagssprache das A-C-Modell ab. Man sagt ganz selbstverständlich: »Große Hunde machen ihm Angst«, »Die Scheidung ihrer Eltern hat die Kinder deprimiert« oder »Die Verspätung des Zugs ärgert die Reisenden«.

Sehr wahrscheinlich halten auch Sie diese Aussagen für wahr. Fast jeder glaubt, dass die Dinge selbst Gefühle und Verhalten auslösen. Aber wie Epiktet schon vor 2.000 Jahren wusste, sind es die Meinungen über die Tatsachen, die zu unseren Reaktionen führen. Wir fühlen und handeln so, wie wir denken. Es sind nicht die großen Hunde, die einen ängstigen, sondern der Gedanke, sie könnten einen beißen. Wer das nicht denkt, hat auch keine Angst. Genauso wenig kann eine Scheidung jemanden deprimieren. Erst die negativen Gedanken darüber ziehen unangenehme Gefühle nach sich. Und auch die Zugverspätung vermag niemanden zu ärgern. Das wäre pure Magie. Verärgerung kommt nur auf, wenn jemand die absolute Forderung erhebt, dass jeder Zug pünktlich sein muss.

Da ich in meinen anderen Büchern näher auf das ABC des Fühlens und Handelns eingegangen bin, will ich hier nicht sämtliche Folgerungen diskutieren. Nur einen Einwand, der häufig gemacht wird, will ich aufgreifen. »Aber ist es nicht gut, dass ich mich ärgere oder mir Sorgen mache?« Das kommt darauf an. Es gibt gesunde und ungesunde Reaktionen. Ärger kann einen motivieren, einen Missstand zu ändern. Wenn jemand jedoch so aggressiv wird, dass er andere beschimpft und körperlich angreift, ist der Ärger nicht mehr konstruktiv. Sorgen können ein

Grund sein, beispielsweise vorbeugende Maßnahmen gegen Krankheiten zu treffen. Wenn man jedoch zum Hypochonder wird und panische Angst vor normalen Wehwehchen entwickelt, schadet man sich mit seinen Übertreibungen.

Viele Psychologen haben heute das A-B-C-Modell stillschweigend übernommen. Manche behaupten jetzt, sie hätten nie etwas Anderes praktiziert. Hier gilt wieder das Gesetz von der Ausbreitung neuer Erkenntnisse. Erst werden sie ignoriert, dann lächerlich gemacht, anschließend angegriffen und bestritten, und schließlich sagen alle, sie hätten es schon immer gewusst, es sei ja nichts Neues.

Aaron T. Beck hat Ellis' These gründlich erforscht, zunächst bei Depressionen, später auch bei Ängsten. Sie erwies sich als zutreffend. Die Kognitive Therapie gilt heute als eines der wenigen wissenschaftlich begründeten Verfahren in der Psychotherapie. Sie wird inzwischen unter verschiedenen Namen praktiziert. Manchmal werden verwandte Schulen nur aus Konkurrenzgründen gegründet. In anderen Fällen sind ein paar Ergänzungen hinzugekommen, die sinnvoll sein mögen. Albert Ellis hat seine Methode Rational-Emotive Verhaltenstherapie genannt.

Die wenigsten denken wirklichkeitsgemäß. Das A-C-Modell besitzt den verführerischen Charme, einem die Verantwortung für sein Denken, Fühlen und Handeln abzunehmen. Man darf sich als Opfer der Umstände fühlen. Der Preis ist jedoch hoch. Man macht sich damit zum Spielball seiner Umgebung.

Es erfordert einige Übung, das Denken gründlich zu überprüfen, um es von verzerrenden, übertriebenen Vorstellungen zu befreien. Jeder wird in unserer Gesellschaft mit Ideen groß, die irrational sind. Menschen neigen dazu, die Dinge misszuverstehen. Sie glauben, eine Scheidung sei eine Katastrophe, während sie in Wirklichkeit eine zerrüttete Beziehung beendet und einen Neuanfang ermöglicht.

Manche verrückten Überzeugungen werden nur innerhalb einer Familie geteilt, andere beherrschen eine Region, eine Kultur, eine Nation oder die gesamte Welt. Ein Beispiel für Letzteres ist der irrtümliche Glaube, dass die Sonne sich um die Erde dreht. Das dachte zunächst jeder, weil es der unmittelbaren Anschauung zu entsprechen scheint. Die Sonne wandert von Ost nach West. In Wahrheit ist es jedoch die Erde, die sich dreht. Welche Ideen, von denen wir heute noch überzeugt sind, werden sich morgen als vollkommen falsch erweisen?

Menschen neigen dazu, Dinge misszuverstehen.

Ist Disziplin wirklich so erstrebenswert, wie manche meinen? Hilft uns Fleiß tatsächlich noch weiter? Aus meiner Sicht wird Faulheit falsch bewertet. Sie kann negativ sein, wenn jemand dadurch Leben, Gesundheit oder Beziehungen schädigt. Auf der anderen Seite kann sie sich als vorteilhaft erweisen. Faulheit schützt vor blindem Aktionismus. Menschen wehren sich damit gegen Fremdbestimmung, indem sie sich den Forderungen anderer verweigern. So gesehen, ist sie eine vielversprechende Form des passiven Widerstands.

Gandhi hat seine Landsleute im Kampf um die Unabhängigkeit Indiens mit großem Erfolg zu zivilem Ungehorsam aufgefordert. Viele Inder haben nicht mehr das getan oder nur noch mit geringem Einsatz, was die Kolonialmacht von ihnen verlangte. Nicht Gewalt, sondern positive Faulheit hat am Ende gesiegt.

Jeder ist motiviert

Die Verfechter der Disziplin glauben, dass niemand mehr etwas tun würde, wenn alle faul wären. Dass diese These nicht stimmt, können Sie in einem Gedankenexperiment selbst feststellen: Nehmen wir einmal an, Sie müssten nicht mehr arbeiten. Das klingt im ersten Moment bestimmt großartig. Aber nun stellen Sie sich bitte vor, Sie hätten überhaupt keine Ziele mehr und gar nichts mehr zu tun. Absolut nichts, nicht mal mehr fernsehen oder lesen. Nur noch im Bett liegen. Für immer. Wie lange würde es dauern, bis Ihnen die Decke auf den Kopf fällt?

Der japanische Arzt Shoma Morita hat vor 100 Jahren eine Therapie entwickelt, die auf Arbeitsentzug basierte. Neurotiker, die unter den unterschiedlichsten Symptomen litten, wurden zunächst vollkommen ruhiggestellt. Sie durften nur im Bett liegen, ohne jede Ablenkung. Danach waren sie froh, nach und nach wieder kleine und schließlich größere Aufgaben zu bekommen.

Menschen brauchen Ziele. Den meisten ist die Vorstellung, unbegrenzt frei zu haben, unangenehm. Sie wollen etwas tun. Weshalb wären Arbeitslosigkeit und Pensionierung sonst oft so gefürchtet? Nur wer schwer depressiv ist, stellt alle Aktivitäten ein. Niemand betrachtet das als etwas Positives.

Deshalb ist die Vorstellung, Faulheit würde dazu führen, dass niemand mehr etwas macht, abwegig. Gleich nach dem Argument, wenn alle faul wären, bliebe alles liegen, kommt der Einwand, dass nur noch die angenehmen Dinge getan würden. Das Unangenehme würde niemand mehr erledigen wollen.

Diese Kritik verkennt, wie unterschiedlich Menschen sind. Meist kommt sie von Intellektuellen, die befürchten, dass körperliche Arbeiten sofort eingestellt würden, wenn keiner mehr arbeiten müsste. Sie glauben, nur Denken sei schön. Aber nicht alle teilen ihre Vorliebe.

Jeder hat seine Präferenzen, macht einiges lieber als anderes. Aus diesem Grund ist die Arbeitsteilung entstanden. Solange jeder das tun darf, was er besonders gern macht und gut kann, funktioniert das Zusammenspiel. Die Probleme beginnen, wenn Menschen Aufgaben ausführen sollen, für die sie nicht geschaffen sind.

Der amerikanische Psychologe Donald O. Clifton hat sich dazu eine hübsche Geschichte ausgedacht. In der Parabel »Let the rabbits run« beschließen eine Ente, ein Fisch, eine Eule, ein Adler, ein Eichhörnchen und ein Hase, eine Schule zu gründen. Auf dem Lehrplan stehen: Rennen, Schwimmen, Fliegen, Baumklettern und Springen. Am ersten Tag darf der Hase rennen. Er ist richtig gut. Die Schule macht ihm Spaß. Aber am zweiten Tag steht Schwimmen auf dem Programm. Das mag er nicht. Doch der Lehrer sagt: »In fünf Jahren wirst du wissen, dass es gut für dich ist.« Baumklettern kann der Hase so einigermaßen, wenn der Stamm geneigt wird. Springen geht wieder gut. Aber mit dem Fliegen hat der Hase ein echtes Problem. Der Lehrer macht ihm Mut. Wenn er hart an sich arbeite, werde er es schon schaffen. Als dann wieder Schwimmen auf dem Stundenplan steht, vergeht dem Hasen die Lust an der Schule. Die Lehrer drohen ihm mit Rauswurf, wenn er sich weigert. Sie führen ihm vor Augen, was passiert, wenn er die Schule ohne Abschluss verlässt.

Den anderen Tieren geht es nicht besser. Auch sie müssen Disziplinen üben, die sie nicht oder nur schlecht können. Zum Schluss sagt die weise Eule dem Hasen, dass das Leben nicht so sein müsste. Es könnte Schulen und Arbeitsplätze geben, wo jeder das tun könne, was ihm liegt. Der Hase denkt: »Was wäre das für eine schöne Welt!«

Donald Clifton hat sich sein Leben lang dafür eingesetzt, dass Menschen ihre Stärken entdecken und entwickeln. Er wollte, dass die negative Beurteilung der Schwächen aufhört. Wie oft hat jeder von uns in der Schule Kritik einstecken müssen in Fächern, für die man nicht gemacht war? Das setzt das Selbstvertrauen und die Würde systematisch herab. Im Berufsleben setzt sich die negative Entwicklung fort. Nur im Glücksfall landen die Menschen in Positionen, die sie wirklich wollen und können.

Die negative Beurteilung von Schwächen muss aufhören.

Um die Absurdität dieses Ausbildungs- und Berufssystems komplett zu machen, kritisieren viele Eltern, LehrerInnen und ArbeitgeberInnen dann auch noch die mangelnde Motivation der Betroffenen. Sie sollten sich lieber fragen, warum ein Hase fliegen, schwimmen und auf Bäume klettern soll. Zu ihrer Entschuldigung sollte man vielleicht anfügen, dass die Mängel vor allem im System liegen. Einzelne LehrerInnen und Eltern können sich ihm schwer entziehen, selbst wenn sie den Unsinn des Ganzen einsehen. Andererseits bin ich nicht bereit, es nur auf das System zu schieben. Die Mehrheit der Eltern, LehrerInnen und ArbeitgeberInnen glaubt tatsächlich noch, dass am Bestehenden nicht gerüttelt werden dürfe. Sie setzen sich mit aller Macht für Fleiß, Disziplin und Willensstärke ein, weil sie das für richtig halten.

So bleibt im Moment nur die Erkenntnis: Jeder ist motiviert. Leider nimmt unsere Gesellschaft keine Rücksicht darauf.

Der Glückseligkeit folgen

Positive Faulheit ist ein Vergnügen. Man macht, wozu man Lust hat. Eine einfachere Formel für ein gutes Leben ist nicht denkbar. Aber hat man denn zu allem Lust? Was ist mit den Notwendigkeiten? Ich glaube, diese Fragen entstehen nur, wenn man die Pflichten überschätzt. Nicht alles, was dringlich oder unerlässlich erscheint, ist es tatsächlich. Außerdem lässt sich das Nützliche oft mit dem Angenehmen verbinden.

Essen ist notwendig. Zugleich ist es lustvoll, vorausgesetzt man versteht es, etwas Leckeres zuzubereiten, oder kennt entsprechende Restaurants. Duschen ist notwendig. Auch das wird als Wohltat empfunden. Es erfrischt und belebt. Anderen zu helfen, ist unumgänglich. Aber es macht Spaß! Der Kern jeder Berufstätigkeit besteht darin, anderen in irgendeiner Weise zu dienen. Wenn das nicht der Fall ist – und leider wird in unserer arbeitssüchtigen, geldgierigen Gesellschaft häufig gegen diesen Grundsatz verstoßen – wird die Arbeit sinnlos.

Produzenten und Kaufleute helfen uns, die Waren zu bekommen, die wir brauchen. KünstlerInnen verschönern unser Leben. Sie inspirieren uns und befriedigen unseren Sinn für Ästhetik. Architekten und Bauarbeiter schaffen Gebäude, in denen wir wohnen und arbeiten können. So dient prinzipiell jeder Beruf einem sinnvollen Zweck.

Arbeit um der Arbeit willen ist in unserer Gesellschaft üblich, aber sinnlos. Geld ist ein Austausch für Waren und Dienstleistungen. Die »Finanzprodukte«, die von den Banken gegenwärtig angeboten werden, dienen dagegen nur der Spekulation. Sie zerstören – wie man im Moment täglich beobachten kann – die Wirtschaft und ganze Nationen.

Das Übermaß an Arbeit ist nicht notwendig. Wenn sich jeder auf das konzentrieren würde, was wirklich wichtig ist, fielen alle überflüssigen Aufgaben weg. Das Leben würde leicht und angenehm – ein Zustand, den viele seit langem vergessen haben.

Menschen leben heute vielfach schlechter als die Tiere. Ohne die Tierwelt als Idylle zeichnen zu wollen, kann man doch beobachten, dass beispielsweise Löwen stundenlang im Schatten hoher Bäume auf der faulen Haut liegen. Wenn sie satt und zufrieden ist, schnurrt jede Katze vor sich hin.

Wir haben das verlernt. Es wurde uns ausgetrieben. Früher konnte man Müßiggänger in Kaffeehäusern antreffen. Sie verstanden es, ganze Tage mit Gleichgesinnten wegzuplaudern. Die oft belächelten Kaffeekränzchen von älteren Damen waren in Wahrheit informelle Treffen von Lebenskünstlerinnen. Eine falsche Lebensphilosophie hat die meisten Menschen inzwischen dazu verleitet, pausenlos aktiv zu sein.

Hin und wieder ist die Klage zu vernehmen, das Leben sei zu kompliziert geworden. Das stimmt. Schon Kinder führen heute Terminkalender und Aufgabenhefte. Sie eilen von der Schule zum Sportverein, zur Geburtstagsfeier, zu Ballett- und Klavierstunden, telefonieren, simsen, machen Hausaufgaben, bereiten sich auf Prüfungen vor und so weiter. Zeit zum Spielen und Nichtstun bleibt da nicht mehr.

Wenn man sich auf das besinnen würde, was einem Spaß macht, und nur der Glückseligkeit folgte, könnte man sich aus dem ganzen Sumpf vermeintlicher Notwendigkeiten befreien. Ich behaupte nicht, dass dies von heute auf morgen möglich sei. Aber wenn man sich auf den Weg begäbe, würde jeder Tag ein bisschen entspannter.

Wir haben verlernt zu spielen

Unsere Gesellschaft versteht die Notwendigkeit des Spiels nicht. Es gilt als etwas, das nur Kinder tun oder Leute, die nicht erwachsen werden wollen. Im Erwachsenenalter wird es überwiegend als Zeitverschwendung angesehen. Manche fühlen sich schuldig, wenn sie beim Spielen angetroffen werden. Verschämt behaupten Erwachsene in Spielzeugläden, etwas für ihre Enkel zu suchen, obwohl sie selbst ein bisschen Zeug zum Spielen kaufen wollen. Der Begriff »Spieler« ist außerhalb des Sports nicht positiv gemeint.

Arbeit und Spiel gelten als unvereinbar. Deshalb wird schon früh in den Schulen dafür gesorgt, dass das Lernen keinen Spaß macht. Das setzt sich dann im Berufsleben fort. Arbeit ist kein Vergnügen. Wer Spaß hat, arbeitet nicht.

»Wer lacht, hat noch Reserven« ist der bezeichnende Titel eines Buchs über »die schönsten Chef-Weisheiten«. »Nur Druck formt Diamanten« gehört ebenfalls in diese merkwürdige Sammlung. Eine Verlagslektorin erzählte mir, dass ihre Vorgesetzte ihr gleich zu Beginn gesagt habe: »Hören Sie auf zu lachen. Sie sind hier bei der Arbeit!«

Das Leben sei zu ernst, um es spielerisch zu nehmen, meinen die strengen Herren und Damen. So verhindert die Jammertal-Ideologie ein weiteres Mal, dass wir uns unserer Existenz erfreuen. Ohne Spiel wird das Leben schal und öde. Die Augen gehen auf Null. Die Stimme wird ausdruckslos. Die Untoten bevölkern die Welt. Die Frage »Soll das alles gewesen sein?« drängt sich auf. Und: »Gibt es ein Leben *vor* dem Tod?«

Spiel ist bisher ein Stiefkind wissenschaftlicher Forschung und Lehre. So war es lange Zeit auch mit Untersuchungen über das Glück. Positive Gefühle und Tugenden waren ein Tabu für ernsthafte Wissenschaftler.

Einer der wenigen, die über die Bedeutung des Spiels mehr wissen wollten, ist der amerikanische Arzt Stuart Brown. Über Jahrzehnte hinweg hat er die verschiedenen Aspekte des Spielens studiert. In seinem lesenswerten Buch »Play: How it shapes the brain, opens the imagination, and invigorates the soul« hat er seine Erkenntnisse zusammengefasst.

Brown nennt wesentliche Eigenschaften des Spiels: Es geschieht freiwillig, um seiner selbst willen. Es ist anziehend. Man möchte es immer wieder tun und am liebsten gar nicht aufhören. Es bereitet anhaltende Lust. Man vergisst sich selbst dabei. Es ist nicht planbar. Daher muss man ständig improvisieren. Spiele sind spannend und überraschend. Man ist neugierig und vergnügt.

Sobald man aufhört zu spielen, entwickelt man sich nicht mehr.

Wer spielt, ist anpassungsfähiger und damit überlebensfähiger. Das hat sich bei der Beobachtung von Wildtieren gezeigt. Die Bedeutung des Spiels ist bei Tieren besser erforscht als bei Menschen. Diejenigen Bären, die am meisten spielten, überlebten am besten.

Anders als Schimpansen, die ihr kindliches Aussehen verlieren, behalten Menschen zeitlebens eine gewisse Jugendlichkeit, Unreife und Verspieltheit. Im Evolutionsprozess haben sich diese Faktoren als vorteilhaft erwiesen. Viele Tiere sind kräftiger, schneller und robuster als Menschen, aber keines kann es mit unserer Kreativität aufnehmen. Nur unsere Erfindungen machen uns so überlegen.

Spielen fördert die Entwicklung des Gehirns und die Anpassungsfähigkeit an die Umwelt. Es scheint sogar den Alterungsprozess aufzuhalten. Sobald man aufhört zu spielen, entwickelt man sich nicht mehr. Der Verfall setzt ein. Womöglich ist nur das Spiel ein wirksames Gegenmittel gegen den geistigen Abbau. Vermutlich wirken deshalb ernste Menschen oft auch etwas dumpf. Ihr Einfallsreichtum ist deutlich eingeschränkt.

Können Sie sich Hitler oder Stalin als heiter und verspielt vorstellen? Der Schriftsteller Henry Miller schrieb seinerzeit: »Irgendjemand muss Hitler zum Lachen bringen. Sonst passiert ein Unglück.«

In der hinduistischen Tradition ist die Schöpfung selbst ein großes, göttliches Spiel. »Lila«, wie es genannt wird, zeigt sich überall. Spiel ist ein Bestandteil des evolutionären Entwicklungsprozesses. Die vorhin genannten Elemente des Spiels wie Improvisation, Lust, Spannung und Überraschung sind der Natur immanent. Wie sehr unterscheidet sich diese Vorstellung – die Welt als kreatives Spiel des Göttlichen – doch von der christlichen Jammertal-Ideologie, die auf Erden nichts verheißt als Mühe und harte, freudlose Arbeit!

Stuart Brown schildert in seinem Buch auch eine bemerkenswerte Begegnung zwischen einem Schlittenhund und einem Eisbären, die der kanadische Hundeschlittenführer Brian La Doone beobachtet und eindrucksvoll fotografiert hat. Diejenigen, für die das Leben nichts als ein Überlebenskampf ist, werden sie nicht gerne hören. Für alle anderen ist die Geschichte jedoch eine schöne Bestätigung der These, dass die Großen nicht zwangsläufig die Kleineren fressen.

Es war November, das Meer noch nicht zugefroren und die Eisbären sehr, sehr hungrig. Da tauchte am Rande des Schneefelds ein Verwandter von »Knud« (legendärer Eisbär des Berliner Zoos) auf. Er lief auf den Schlittenhund »Hudson« zu, der erstaunlicherweise weder bellte noch flüchtete, sondern sich duckte und freudig mit dem Schwanz wedelte. Der Bär ging darauf ein. Die beiden tollten eine Viertelstunde herum. Anschließend wanderte der Eisbär weiter. Dieses Spiel wiederholte sich sieben Tage lang. »Hudson« und der Eisbär waren »ziemlich« beste Freunde geworden. Dann war das Eis dick genug geworden, sodass der ebenso hungrige wie verspielte Eisbär sich auf die Jagd nach Robben machen konnte.

Normalerweise hätte man erwartet, dass der Eisbär den Schlittenhund sofort oder an einem der folgenden Tage frisst. Aber das Vergnügen am Spiel war stärker als sein Hunger und seine Überlebensinstinkte.

Ist es nicht kläglich, dass ein hungriger Eisbär verspielter ist als wir, die wir satt sind und im Überfluss leben?

Wie Arbeit zum Spiel wird

»All work and no play makes Jack a dull boy« lautet ein englisches Sprichwort. Wer nur arbeitet und nie spielt, wird stumpfsinnig. Das Wort »dull« hat viele Bedeutungen, die alle präzise die Folgen mangelnden Spiels umschreiben: langweilig, eintönig, glanzlos, stumpf, matt, grau, trüb, dumpf, beschränkt, begriffsstutzig, langsam, abgestumpft.

Die Notwendigkeit des Spiels wird ebenso deutlich, wenn es um Meisterschaft geht. Viele haben eine vollkommen falsche Vorstellung davon, wie man es schafft, auf einem Gebiet erstklassige Leistungen zu erbringen. Sie wissen nur, dass alle Champions dieser Welt sehr viel üben, egal ob es sich um SportlerInnen, PianistInnen, ChirurgInnen oder SchachspielerInnen handelt.

Aber was bringt die MeisterInnen ihres Fachs dazu, mehr zu trainieren als die anderen? Disziplin und Willensstärke, sagen die Anhänger harter Methoden. No pain, no gain – ohne Schweiß kein Preis. Aber das stimmt nicht. Nur mit Disziplin, Selbstverleugnung und Leiden kommt man nicht an die Spitze. Ganz nach oben schafft man es nur, wenn man gerne trainiert. Nur wenn man liebt, was man tut, will man immer weitermachen. Mesut Özil, erst 23 Jahre alt, aber mit Real Madrid bereits Spanischer Fußballmeister und Pokalsieger, hat auf die Frage, ob er nicht auch mal das Bedürfnis habe, keinen Ball zu sehen, geantwortet: »Wenn ich drei oder vier Wochen Urlaub habe, spüre ich, ohne Ball geht es nicht. Dann spiele ich mit meinen Freunden. Ich brauche das.«

Weder Geld noch Medaillen noch Ruhm noch Anerkennung reichen aus, um täglich stundenlang zu üben. Zu Spitzenleistungen kann man sich nur motivieren, wenn einem die Sache selbst unendlich viel Spaß macht. Sonst empfindet man das Training bald als langweilig und strapaziös. Disziplin kann Spaß und Spiel nicht ersetzen. Mit Willensstärke allein bringt man es nie zu wahrer Meisterschaft. Andreas Iniesta ist mit Sicherheit einer der besten Fußballspieler der Welt. Er gewann mit seinem Club FC Barcelona fünfmal die spanische Meisterschaft, zweimal den spanischen Pokal und dreimal die Champions League. Mit der spanischen Nationalmannschaft wurde er bisher einmal Weltmeister und zweimal Europameister. Was sagt er? »Ich spiele nicht, um Weltfußballer zu werden, sondern weil es Spaß und mich glücklich macht.«

Es ist alarmierend, wenn Leichtigkeit und Spaß fehlen.

Selbst wenn es um Leben und Tod geht, kann Spiel von größter Bedeutung sein. Ich erinnere mich an einen Bericht über einen Gehirnchirurgen, der sich auf die Operation von Aneurysmen (krankhafte Arterienerweiterungen) spezialisiert hat und zu den absoluten Meistern seines Fachs zählt. Obwohl diese Eingriffe leicht tödlich enden können, hat sein Tun große Eleganz und Leichtigkeit. Er spielt mit dem Gewebe, zupft daran, beobachtet dabei die kleinsten Details. Selbstverständlich setzt sein Können Übung und Erfahrung voraus. Trotzdem lassen sich die Elemente des Spiels bei den extrem riskanten Operationen nicht leugnen: Neugier, Spannung, mögliche Überraschungen, die Fähigkeit zur Improvisation, Selbstvergessenheit, Flow, höchste Konzentration bei gleichzeitiger vollkommener Entspanntheit. Das alles machte für diesen meisterhaften Chirurgen den Reiz seines Berufs aus.

Ein anderer könnte die Last der Verantwortung vielleicht nicht tragen. Angesichts der möglichen Folgen wäre es verständlich, wenn jemand sich völlig verkrampfen würde. Dann wären kleinste feinmotorische Bewegungen der Finger ausgeschlossen. Die Katastrophe wäre vorprogrammiert.

Vielleicht haben Sie einmal beobachtet, wie gelöst die schnellsten SprinterInnen der Welt laufen. Nicht die Nummer 20, auch nicht die Nummer 5, aber der Mann oder die Frau an der Spitze. Wer verkrampft, verliert. Mit solcher Eleganz und Entspanntheit sprinten sonst nur Geparden oder andere Großkatzen.

Arbeit ohne Spiel ist langweilig und anstrengend. Es ist ein alarmierendes Zeichen, wenn in einem Team die Leichtigkeit, der Spaß und das Spiel fehlen. Ursprünglich waren Arbeit und Spiel keine Gegensätze. Das Gegenteil von Spiel ist nämlich nicht Arbeit, sondern Depression. Ob etwas mühsam oder spielerisch geschieht, hängt von der Einstellung ab.

Sie kennen sicherlich das Spiel »Mensch ärgere dich nicht«. Wenn man Überraschungen liebt, Spannung genießt, bereit ist, immer wieder zu improvisieren, teilnimmt, um Spaß zu haben, ist es ein anregendes, vergnügliches Spiel. Wenn man es dagegen zu ernst nimmt, unbedingt gewinnen will, plötzliche Veränderungen hasst, sich über die Notwendigkeit zum Neubeginn ärgert, dann hat man nicht viel Freude an dem, was als Spiel gemeint ist.

Fußball ist in vielen Ländern sehr populär. Es ist nur dann ein Spiel, wenn es kreativ, überraschend und nicht allzu ergebnisorientiert ausgeführt wird. Stehen Kampf, Unfairness, Taktik und Langeweile im Vordergrund, dann sieht man kein Fußballspiel, sondern beobachtet 22 Leute bei der Arbeit. Aus Spiel kann jederzeit Arbeit werden. Umgekehrt geht es zum Glück auch.

Erinnern Sie sich an die Zeit, als Sie noch gerne gespielt haben? Können Sie das Gefühl zurückrufen, wie es war, als Sie selbstvergessen in Aktivitäten vertieft waren, die Sie unglaublich gern gemacht haben, wovon Sie überhaupt nicht genug bekommen konnten? Vermutlich lagen diese Zeiten in der Kindheit. Konnten Sie dieses Gefühl wenigstens teilweise in die Gegenwart retten?

Die wenigsten machen ihr Hobby zum Beruf. Warum eigentlich? Wenn Sie das Buch bis hierhin aufmerksam gelesen haben, kennen Sie die Antwort. Irgendwann, meist früher als später, wird nahezu jeder auf Disziplin getrimmt. Aus Lust wird Last. Der Ernst des Lebens beginnt. Das Jammertal tut sich auf.

Wenn einem klar wird, was passiert ist, nämlich dass einem Spaß und Spiel genommen wurden, kann man ziemlich wütend werden. Vielleicht möchte man gar nicht daran erinnert werden. Die Vorstellung, dass Disziplin und Willensstärke, harte Arbeit und Pflichterfüllung an die Stelle von Spaß, Spiel und Spannung getreten sind, ist unangenehm. Aber wenn sich etwas ändern soll, ist es unvermeidbar, den Tatsachen ins Auge zu blicken und sie nicht länger zu leugnen. Es ist nie zu spät, ein glückliches Leben zu beginnen, es sei denn, man macht es wie Charles Foster Kane.

Spiele der Erwachsenen

»Citizen Kane« ist ein Klassiker der Filmgeschichte. Manche halten ihn sogar für den besten Film aller Zeiten. Die Hauptfigur des Films ist Charles Foster Kane. Er hat ein Zeitungsimperium aufgebaut und ist ein sagenhaft reicher, mächtiger Mann. Als er stirbt, flüstert er das Wort »Rosebud« (Rosenblüte). Niemand weiß, was er damit meint. Der Reporter Jerry Thompson erhält von seiner Fernsehstation den Auftrag, es herauszufinden. Bei seiner Recherche stellt sich heraus, dass Rosebud offensichtlich etwas war, das Kane nicht bekommen konnte oder verloren hatte. Doch Thompson gelingt es nicht, hinter das Geheimnis zu kommen. Nur der Zuschauer erfährt es. Man sieht am Ende des Films, wie Arbeiter wertlose Stücke aus dem Besitz Kanes in einen großen Ofen werfen. Darunter ist der alte Schlitten aus seiner Kindheit mit der Aufschrift: Rosebud.

Im Grunde genommen zeigt der Film eine Tragödie. Kanes Glück zerbrach, als seine Eltern ihn wegschickten, damit er eine gute Ausbildung erhielt. Seinen Schlitten musste er zurücklassen. Rosebud, die Rosenknospe, ist das Symbol eines Versprechens, das nicht aufging. Kane verlernte das Spielen. Was er verlor, war das Glück seiner Kindheit. Stattdessen bekam er Unterricht, Arbeit, Macht und ein riesiges Vermögen. Aber nichts davon konnte den Verlust wettmachen.

Wie bei Citizen Kane konzentriert sich das Leben der meisten Erwachsenen auf den Erwerb von Macht und Geld. Egal, ob sie es erlangen oder nicht: Am Ende scheitern sie wie er. Das Versprechen, dass Geld, Macht und Ansehen glücklich machen, erfüllt sich nicht.

»Monopoly« ist ein Spiel, bei dem es darum geht, möglichst alle verfügbaren Grundstücke zu bekommen und sie mit Häusern und Hotels zu bebauen. Je mehr man davon besitzt, desto reicher wird man, weil man alle anderen abkassieren kann. Besondere Ereignisse, die zusätzlich Geld bringen oder kosten, würzen das Spiel. Die Grandiosität der Idee, als Einziger das gesamte Spielvermögen in die Hände zu bekommen, ist so faszinierend, dass alle gerne mitspielen und ihr Vergnügen dabei haben, jedenfalls solange die Aussicht besteht, das Spiel am Ende zu gewinnen.

In der Realität funktioniert »Monopoly« nicht. Abgesehen davon, dass bis auf eine Person alle anderen verlieren, und zwar ihren letzten Cent, steht auch der Gewinner schließlich mit leeren Händen da. Kein Markt mehr, keine Käufer, niemand, der noch ausgebeutet werden könnte, nichts. Das Spiel ist aus. Das Vermögen muss neu verteilt, das Weltwirtschaftssystem notdürftig repariert werden. Es gibt eine neue Währung, vielleicht auch eine Bodenreform. Die Wunden werden geleckt. Und dann beginnt die nächste Runde. Der nächste Crash kommt bestimmt.

Der Spaß, den die Menschen bei diesem Spiel haben, ist von vorübergehender Natur. Zu Beginn, wenn die Spieler in etwa dasselbe Startkapital besitzen, kennt die Begeisterung noch keine Grenzen. Jeder glaubt an seine Chance. Die Hoffnung, zu den Gewinnern zu gehören, scheint begründet. Die Belohnung, die am Ende winkt, lässt die Mitspieler alle Risiken und Mühen vergessen. Die kleinen und großen Zwischengewinne halten sie bei Laune. Aber je länger das »Spiel« währt, desto deutlicher wird, dass fast jeder verliert. Es stellt sich heraus, dass sich der Einsatz nicht gelohnt hat. Die Erfolgsaussichten schwinden.

Das Leben wird zunehmend schwerer. Die Belastungen drücken. Die Hoffnung stirbt. Es macht keinen Spaß mehr.

In der Realität ist »Monopoly« kein Spiel. Es fehlen die anhaltende Freude, die Leichtigkeit. Wenn große Unternehmen kleine Gewerbetreibende schlucken und ihrerseits wieder von den Weltkonzernen gefressen werden, dann ist das nicht lustig. Menschen sind keine Schachfiguren. Sie haben Gefühle und leiden darunter, wenn sie nicht mehr mitspielen dürfen. Anders als bei einem Spiel dauert es zu lange, bis eine neue Runde beginnt. Mancher erlebt den Neuanfang nicht mehr. Die inneren und äußeren Zerstörungen wirken über Generationen fort.

Das Vermögen muss neu verteilt und das System repariert werden.

Die Frage, wem die Welt gehört, kann ich Ihnen nicht beantworten. Aber ich kann Ihnen sagen, wem Deutschland gehört. Mehr als die Hälfte des Gesamtvermögens befindet sich in den Händen der 500 reichsten Familien. Damit verrate ich kein Geheimnis. Sie können die Liste der 500 reichsten Deutschen bequem im Internet nachlesen. Um in diesen kleinen Club einzusteigen, bräuchten Sie 200 Millionen Euro. Damit kämen Sie mit Ach und Krach auf Platz 500. Sollten Sie jedoch mehr als 17,1 Milliarden Euro aufbringen, wären Sie die neue Nummer Eins im realen Monopoly. Vielleicht schaffen Sie es sogar, die Bank zu sprengen und Monopolist zu werden. Aber ich bezweifle, dass es Ihnen auf dem Sterbebett dann anders ergehen wird als Charles Foster Kane.

Der Weg des geringsten Widerstands

Positiv Faule leben in friedlicher Koexistenz mit dem Chaos. Sie versuchen erst gar nicht, es zu bändigen, sondern konzentrieren sich auf das Wesentliche, wohingegen die Verfechter der Disziplin unter Anspannung aller Kräfte auf eine rechteckige, langweilige Welt abzielen.

Die Natur selbst ist nicht diszipliniert. Sie spielt mit Formen und Möglichkeiten. Deshalb ist die Erziehung zur Disziplin widernatürlich. Sie treibt den Menschen das Spielerische aus. Die Leichtigkeit des Seins, die von den Ordnungsfanatikern allgemein als unerträglich wahrgenommen wird, wird von ihnen durch bleierne Schwere ersetzt. Der Möglichkeitssinn muss einem fragwürdigen Realitätssinn weichen. Vielen Erwachsenen fällt es deshalb mit der Zeit immer schwerer, in Alternativen und Lösungen zu denken. Stattdessen heißt es: Wir haben das immer so gemacht. Das geht nicht anders. Wo kämen wir da hin?

Positive Faulheit, das ist Improvisation. Während die Disziplinierten jedes Detail planen und rigide die einmal beschlossenen Vorhaben durchzuziehen versuchen, erlauben die Faulen der Wirklichkeit, unregelmäßig zu sein. Sie stellen sich flexibel auf das Unvorhersehbare ein. Bei den Disziplinierten darf es keine Abweichungen von der Norm geben. Sie sind bemüht, alle Zufälle auszuschalten und zimmern sich eine enge Welt falscher Gewissheiten. Die Faulen warten gerne ab, was sich ergibt. Sie hassen die Norm (in die sie sowieso nicht passen), lieben den Zufall (was einem zufällt, muss man nicht erkämpfen) und nehmen die Dinge so, wie sie kommen. Gewissheit gibt es ohnehin nicht. Morgen ist auch noch ein Tag.

Wer faul ist, geht den Weg des geringsten Widerstands. Das macht die Natur auch. Wasser sucht sich immer den leichtesten Weg, fließt nie bergauf, sondern stets bergab. Flüsse weichen Widerständen aus und ändern die Richtung, es sei denn die Fleißigen haben sie in Kanäle gezwängt.

Drei Dinge braucht das Glück

Die Literatur über das Glück wird immer umfangreicher. Psychologen und Philosophen streiten darüber, was Menschen glücklich macht. Elliot Aronson nennt in seinem Standardlehrbuch »Sozialpsychologie« drei Faktoren. Aronson zählt zu den 100 einflussreichsten Psychologen des 20. Jahrhunderts. Er hat sowohl Auszeichnungen für hervorragende Lehre und Forschung als auch für hervorragendes Schreiben bekommen. Das ist sonst noch keinem gelungen.

Befriedigende soziale Beziehungen stehen an erster Stelle, wenn es um Glück geht. Glückliche Menschen verbringen mehr Zeit mit Freunden. Es macht ihnen Spaß, mit anderen zusammen zu sein.

Ich empfinde das als eine schöne Bestätigung meines Standpunkts. Positiv faule Menschen nehmen sich Zeit, Freundschaften aufzubauen und zu pflegen. Sie leisten keine »Beziehungsarbeit«, sondern haben einfach Spaß mit Menschen, die sie mögen. Sie sind zu faul, sich zu streiten. Das ist eine günstige Voraussetzung für harmonische Familien und ideale Freundschaften.

Neuerdings meinen einige, Ehen würden derzeit daran scheitern, dass die Partner nicht mehr die Disziplin aufbrächten, ihre Ehe aufrechtzuerhalten. Was ist das für ein armseliger, freudloser Standpunkt! Eine Beziehung, die nur deshalb weiterbesteht, weil die Beteiligten sich große Mühe geben? »Unsere Ehe währet 40 Jahre, und wenn's hoch kommt, so sind's 50, und wenn's köstlich gewesen ist, so ist es Mühe und Arbeit gewesen« würde Luther sicherlich gerne beipflichten.

Der Psychologe John Gottman hat etwas anderes herausgefunden. Spaß ist das Mittel, das eine Ehe gelingen lässt. Wer die Gegenwart des Partner schätzt, hat wenig Grund, sich zu trennen. Wenn dagegen ständige Kritik, Angriffe und Rechtfertigungen, Verachtung und Geringschätzung des Partners an der Tagesordnung sind, ist das Scheitern der Beziehung vorprogrammiert. Ehen vertragen nicht allzu viel negative Kommunikation. Das Verhältnis negativer zu positiver Äußerungen sollte maximal bei 1:5 liegen.

Engagieren Sie sich für etwas, das Sie wirklich mögen: Das ist der zweite Glücksfaktor, den Aronson anführt. Es ist beglückend, sich herausfordernde, aber machbare Aufgaben zu suchen und das Gefühl zu haben, dabei voranzukommen. Aronson spricht an dieser Stelle ausdrücklich nicht von Arbeit.

Auch darin sehe ich ein Lob der Faulheit. Es geht nicht um Mühe und Arbeit um ihrer selbst willen, sondern um die Verbindung von Aktivität und Freude. Engagement (Wollen) steht im Vordergrund, nicht Müssen. Selbstbestimmung fördert das Glück, Entfremdung schadet ihm. Selbstverständlich schließt Engagement gelegentliche Anstrengungen nicht aus. Es kann manchmal Mühe kosten, Herausforderungen zu überwinden. Das tut dem Glück keinen Abbruch. Aronsons Bild von Arbeit ist dennoch ein vollkommen anderes als das in unserer Gesellschaft übliche.

Drittens begünstigt es das Glück, anderen Gutes zu tun. Wer seinen Mitmenschen hilft, ist am Ende des Tages zufrieden. Vermutlich liegt das daran, dass Hilfsbereitschaft soziale Beziehungen entstehen lässt. Außerdem mögen Menschen es, sich für andere zu engagieren.

Ein weiteres Mal bestätigen Aronsons Aussagen den hier vertretenen Standpunkt. Menschen sind nicht schlecht, böse oder sündhaft, sondern grundsätzlich freundlich und hilfsbereit. Sie kooperieren von Natur aus gerne. Konkurrenz, Kriminalität oder anderes unsoziales Verhalten treten nur als Fehlentwicklungen auf, genauso wie Disziplin und Arbeitseifer.

Chronisch unglücklich

Man sollte annehmen, dass ein Großteil der Bevölkerung die drei Glücksfaktoren kennt und entsprechend lebt. Aber das Gegenteil ist der Fall. Unsere Gesellschaft orientiert sich – wie die meisten westlichen Staaten – nicht an sozialen Werten, sondern frönt dem Materialismus.

Im Mittelpunkt des Strebens steht der Erwerb von möglichst viel Geld. Die Unternehmen träumen von zweistelligen Wachstumsraten, und viele BürgerInnen tun es ihnen gleich. Sie wollen materielle Sicherheit, Komfort, Luxus und die jeweiligen Statussymbole, das heißt Häuser, Autos, Designerkleidung, Fernreisen, Home-Cinema, teure und häufig wechselnde Einrichtungen und was sonst noch angesagt ist. Davon versprechen sie sich Glück, Freiheit und Geborgenheit, obwohl wir gesehen haben, dass Glück andere Voraussetzungen hat, Freiheit nicht zu kaufen ist und Geld weder vor Tod, Krankheit oder Einsamkeit schützen kann.

Der Glaube an diese Illusionen ist ungebrochen. Aronson berichtet, dass sehr viele Menschen regelmäßig falsch einschätzen, was sie glücklich machen wird. Die Motivation amerikanischer Studienanfänger besteht meist darin, später so viel Geld wie möglich zu verdienen. Das dürfte bei uns nicht anders sein.

Der Mythos, dass Geld glücklich macht, lebt fort. In Wirklichkeit machen Banknoten und Münzen weder glücklich noch unglücklich. Das darf man nicht verwechseln mit der Befriedigung der Grundbedürfnisse. Geld jedenfalls ist einfach ein Zahlungsmittel. Das ist eigentlich eine Binsenweisheit. Aber wie viele andere Selbstverständlichkeiten ist auch diese offenkundige Tatsache nicht im Bewusstsein der Menschen verankert. Sie schreiben materiellen Dingen Eigenschaften zu, die diese nicht besitzen. Am deutlichsten wird dies bei Amuletten. Ein Talisman kann kein Glück bringen. Wie sollte er dies tun? Trotzdem ist dieser Aberglaube weit verbreitet. Genauso hat Geld für viele einen irrationalen Zauber.

Erinnern Sie sich noch an Epiktets Erkenntnis, dass nicht die Dinge Menschen beunruhigen, sondern ihre Meinung darüber? In Abwandlung dieses Satzes kann man sagen: Weder Geld noch andere Dinge beglücken Menschen, sondern ihr Glaube daran. Wie wäre es sonst zu erklären, dass MillionärInnen depressiv werden und sich umbringen? Sie kennen alle die entsprechenden Berichte aus der Regenbogenpresse. Bildschöne, erfolgreiche und im Geld schwimmende Menschen enden irgendwo einsam in einem Hotelzimmer. Konnten ihre Häuser, ihre Designerkleidung, ihre Luxusautos, ihre edlen Einrichtungen sie davor schützen?

Befriedigende soziale Beziehungen machen glücklich.

Epiktets Weisheit ist 2.000 Jahre alt. Dennoch hat die Masse der Menschen ihr Bewusstsein noch nicht wesentlich weiterentwickelt. Es wäre wichtiger, in die Seele zu investieren als in Aktien.

Es trifft jedoch zu, dass die Grundbedürfnisse des Lebens gestillt werden müssen, damit Glück möglich wird. Wer hungern muss, kein Dach über dem Kopf hat oder in einem Kriegsgebiet lebt, entbehrt die Basis eines zufriedenen Lebens. Auch deshalb ist eine bedarfsdeckende Grundsicherung für alle, die ohne Schikanen und Zwangsandrohungen gewährt wird, so wichtig.

Sonst haben Menschen das Gefühl, die Ressourcen seien knapp und sie müssten um ihr Überleben kämpfen, koste es, was es wolle. Sie sind dann bereit, ihre Gesundheit und ihr Glück zu opfern, verhalten sich rücksichtslos gegenüber anderen und schrecken auch vor Straftaten wie Steuerhinterziehung nicht zurück.

Sobald die Grundbedürfnisse abgesichert sind, steigert Geld das Wohlbefinden nicht mehr. Seit 1940 ist der Lebensstandard in den USA enorm gewachsen. Aber die Lebenszufriedenheit ist nicht größer geworden. Daraus lässt sich schließen, dass wir den Energieverbrauch, den Konsum und den Abbau der Ressourcen einschränken könnten, ohne unglücklich zu werden. Das Einzige, was uns daran hindert, ist der Aberglaube, wir bräuchten ständig mehr materielle Dinge. Diese Illusion teilen wir mit Drogenabhängigen. Obwohl Drogen kein geeignetes Mittel gegen Depressionen und keinen Ersatz für ein glückliches Leben bieten können, meinen die Süchtigen, den Stoff unbedingt zu brauchen und gehen dafür in Extremfällen sogar über Leichen. Jeder Außenstehende, der dieser Sucht nicht verfallen ist, erkennt den Wahnsinn sofort.

Unsere Gesellschaft setzt bisher unerschrocken ihren Irrweg fort. Kleine kosmetische Korrekturen ändern nichts daran. Sie unternimmt sogar alles, um das Tempo noch zu erhöhen. Auch dieses Verhalten teilt sie mit Drogenabhängigen. Die Dosis muss ständig erhöht werden, damit der Kick anhält. Lassen Sie uns die drei Glücksfaktoren durchgehen und Sie werden sehen, dass die meisten in die falsche Richtung laufen.

Befriedigende soziale Beziehungen machen glücklich. Doch die Vereinzelung der Menschen schreitet voran. Aronson berichtet, dass 1985 noch 75 Prozent der Amerikaner einen engen Freund hatten, mit dem sie über alles sprechen konnten. 20 Jahre später waren es nur noch 50 Prozent. Das ist in so kurzer Zeit eine dramatische Entwicklung. Sie bedroht die Lebensqualität empfindlich. In Deutschland geht der Trend in dieselbe Richtung. Beziehungslosigkeit und Entsolidarisierung nehmen ständig zu. Jeder Fünfte Deutsche lebte 2011 allein. Das gilt für Frauen und Männer gleichmaßen. Die Zahl der Alleinlebenden ist in den vergangenen zwanzig 20 Jahren um 40 Prozent gestiegen.

Sich für etwas engagieren, das man mag, macht glücklich. Bei uns dagegen zählen nur Mühe und Arbeit. Der Sinn der Tätigkeiten, ihr Nutzen für die Allgemeinheit ist zweitrangig. Hauptsache, das Bruttosozialprodukt steigt. Blinder Aktionismus, Betriebsamkeit um ihrer selbst willen hat überall Konjunktur. Wer fleißig ist und Überstunden leistet, erhält gesellschaftliche Anerkennung. Workaholismus wird bewundert. Kaum einer schüttelt den Kopf darüber, dass unsere PolitikerInnen sieben Tage in der Woche rund um die Uhr im Einsatz sind und dafür ihr Familienleben und ihre Freundschaften opfern.

Dass Menschen sich in ihrem Beruf für etwas engagieren, das sie mögen, ist die Ausnahme. Sie ordnen sich stattdessen fremden Zwecken unter. Wer hat als Kind davon geträumt, teure Versicherungen zu verkaufen, die niemand braucht? Wer liebt es, überflüssige und oft sogar schädliche Medikamente unter die Leute zu bringen? Wen erfreut nichts stärker, als alle vier Jahre Versprechen abzugeben, die dann gebrochen werden?

Das Übermaß an Arbeit hindert die Menschen daran, befriedigende soziale Beziehungen aufzubauen und zu pflegen. Untersuchungen zeigen immer wieder, dass in einer durchschnittlichen

Ehe nur wenige Minuten am Tag miteinander gesprochen wird. Kinder sehen ihre Eltern immer seltener. Sie verbringen ihre Zeit mehr und mehr in Ganztagseinrichtungen, weil ihre Väter und Mütter schuften müssen, um am Ende unter Umständen doch nur zu den Working Poor (armen Arbeitern) zu gehören. Freundschaften beschränken sich oftmals auf den Austausch von SMS oder die Teilnahme an einem Blog. Die geforderte Mobilität der abhängig Beschäftigten lässt in großer Zahl Fernbeziehungen entstehen: Er arbeitet in Shanghai, sie in New York. Zum Trost kaufen sie sich etwas Teures und werden doch das Gefühl nicht los, dass etwas Entscheidendes in ihrem Leben fehlt.

Die maßlose, harte, erschöpfende Arbeit zerstört zuerst die Beziehung, die man zu sich selbst hat. Die leise innere Stimme, die einem den richtigen Weg weisen könnte, geht im Lärm des Stresses unter. Es fehlt die Zeit zum Nichtstun, zur Muße, zur Erholung.

Anderen Menschen zu helfen, macht glücklich. Stattdessen gefallen sich PolitikerInnen fast aller Parteien darin, den Ärmsten unter Missachtung der Verfassung den Grundbedarf zu kürzen oder von unzumutbaren Anforderungen abhängig zu machen. Entsolidarisierung scheint das Gebot der Stunde. Sich selbst die Taschen vollzustopfen und dann: »Haltet den Dieb« zu rufen, gilt als normal.

Dazu passt, dass in den letzten Jahren das Schimpfwort »Gutmensch« aufgetaucht ist. Damit wird soziales Engagement systematisch abgewertet. Wie die Vereinzelung und der Verrat an sich selbst ist die perverse Umkehr positiver Werte ein weiteres Indiz dafür, dass unsere Gesellschaft in die falsche Richtung rast. Das wahre Glück geht dabei unter.

Gut leben ohne Disziplin und Willensstärke

Zwang war gestern. Die Manipulation mittels Angstmache und schlechtem Gewissen ist vorbei. Jedenfalls theoretisch. Es kann noch geraume Zeit dauern, bis sich die neuen Methoden zur Selbststeuerung und Beeinflussung anderer herumgesprochen haben. Am Ende werden alle sagen, sie hätten es schon immer gewusst, dass Disziplin und Willensstärke unnötig sind.

Die Zukunft gehört der positiven Faulheit. Sie nutzt die neuesten psychologischen Erkenntnisse. Motivation, Flow, Spiel, Selbstmanagement und ähnliche Themen werden hoffentlich bald überall auf den Lehrplänen der Schulen und Universitäten stehen. Aber nicht nur das: Die neuen Methoden zum Umgang mit sich selbst und anderen müssen selbstverständlich praktiziert werden, in den Familien, Schulen, Betrieben, Verwaltungen, Kirchen.

Deshalb wäre es wünschenswert, dass zunächst die Eltern, LehrerInnen und ManagerInnen lernen, wie man sich motiviert und Spaß hat beim Leben und Arbeiten, und das nicht nur ausnahmsweise, sondern regelmäßig – täglich!

Die Praxis der Faulheit darzustellen, muss einem eigenen Buch vorbehalten bleiben. Trotzdem möchte ich an dieser Stelle anhand der motivierenden Gesprächsführung skizzieren, wie Disziplin und Willensstärke durch Selbstmotivation und Fokussierung der Aufmerksamkeit ersetzt werden können.

Die Methode der motivierenden Gesprächsführung (motivational interviewing) wurde zuerst von William Miller und Stephan Rollnick konzipiert und später von Michael V. Pantalon weiterentwickelt. Sieben Minuten oder weniger genügen, um sie anzuwenden. Sie fördert die Autonomie des Einzelnen und ist daher unvereinbar mit Fremdbestimmung. Wer sich erhofft, andere damit auf besonders raffinierte Weise manipulieren zu können, wird von der motivierenden Gesprächsführung enttäuscht sein. Umso mehr werden die anderen jubeln. Wird es doch endlich möglich, aus der Fremdbestimmung auszubrechen und sein Leben aktiv in die Hand zu nehmen!

Wichtiger als die konkreten Techniken sind die Prinzipien der Sofortbeeinflussung (instant influence), wie Pantalon seine Variante der motivierenden Gesprächsführung nennt. Es sind drei:

1. Jede Person entscheidet selbst, was sie machen WILL. Niemand MUSS irgendetwas tun.
2. Jeder ist bereits ausreichend motiviert.
3. Entscheidend ist, herauszufinden, warum man etwas tun MÖCHTE. Die Gründe, die einen hindern, aktiv zu werden, sind zweitrangig.

Worin unterscheidet sich dieser Ansatz von manipulativen Methoden? Was ist anders als bei den traditionellen Motivationsstrategien?

Bei den herkömmlichen Techniken kommt fast immer eine Form von Zwang zur Anwendung, mal sanft, mal massiv. Es wird gebettelt, argumentiert oder gedroht. Man versucht, sich selbst bzw. den anderen zu disziplinieren. Diese Vorgehensweise ist respektlos. Deshalb weckt sie die allseits bekannten Widerstände. Eltern, TherapeutInnen, LehrerInnen und Vorgesetzte kennen die offene Rebellion oder das versteckte Sabotieren der Pläne, denen die anderen sich fügen SOLLEN. Interessant ist, dass Menschen Bestrafungen in Kauf nehmen oder in Aussicht gestellte Belohnungen ignorieren, um ihre Selbstbestimmung durchzusetzen. Sie ist ein so hoher Wert, dass manche in Extremfällen bereit sind, dafür zu sterben.

Jeder, der versucht, einen anderen zu etwas zu zwingen, muss mit enormen Widerständen rechnen. Menschen handeln unter Umständen sogar gegen ihre eigenen Interessen, wenn es ihnen wichtiger erscheint, ihre Autonomie zu behaupten. Machtkämpfe überlagern häufig die Sache, um die es eigentlich geht. Aufgrund negativer Erfahrungen in der Vergangenheit können Personen die Kooperation bereits dann verweigern, wenn sie auch nur den kleinsten Eindruck gewinnen, dass sie ein weiteres Mal zu etwas gezwungen werden sollen. Man kann fast sagen, dass einige gegen Manipulation allergisch werden.

Allzu oft wird Motivation als etwas betrachtet, das jemandem erst eingepflanzt werden muss, während sie in Wirklichkeit latent bereits vorhanden ist. Sie braucht nur geweckt zu werden. Deshalb zielt Pantalons Instant-Influence-Methode darauf ab, bereits existierende Motivationen bewusst zu machen. Oft bedarf es nur eines kleinen Anstoßes, um autonomes Verhalten anzuregen.

Manche Therapeuten empfehlen, alle Gründe zu erforschen, die jemanden daran hindern, etwas zu tun, das eigentlich in seinem eigenen Interesse liegt. Dieser Tipp ist gut gemeint, aber leider kontraproduktiv. Es bringt wenig, die Widerstände zu analysieren. In jeder beliebigen Situation bestehen 1.000 Gründe, die gegen ein Handeln sprechen. Jemand ist zu müde, hat keine Lust, keine Zeit, kein Geld, muss dringend erst noch etwas anderes erledigen, fühlt sich gerade zu gestresst, möchte mehr Informationen und so weiter und so weiter.

Sobald man jedoch einen einzigen triftigen Grund sieht, einen Schritt in Richtung auf sein Ziel zu machen, sind alle Widerstände wie weggeblasen. Man hat plötzlich Lust, entdeckt einen Weg, ohne viel Geld seine Wünsche zu verwirklichen, findet die nötige Zeit, aller Stress ist vergessen, neue Kräfte wachsen einem zu. Das Wunder hat einen Namen: Selbstbestimmung. Nichts motiviert so stark wie die eigenen Gründe, die man für sein Handeln braucht. Kein Argument eines anderen vermag die höchstpersönlichen Motive zu ersetzen.

Nichts überzeugt Menschen mehr als ihre eigenen Gründe.

Verstehen Sie jetzt, warum Eltern sich so oft völlig vergeblich den Mund fusselig reden, um ihre Kinder zum Handeln oder zum Unterlassen eines bestimmten Verhaltens zu bewegen? Weshalb LehrerInnen es so schwer haben, ihre SchülerInnen zum Lernen zu bringen? Wieso Vorgesetzte selbst unter Androhung von Konsequenzen ihre KollegInnen nicht veranlassen können, ihren Anweisungen zu folgen? Warum RaucherInnen sich durch den Hinweis, dass Rauchen tödlich sein kann, nicht davon abhalten lassen, weiter zu rauchen? Übergewichtige selbst dann ihre schädlichen Essgewohnheiten beibehalten, wenn ihre ÄrztInnen dringend an sie appellieren, endlich weniger zu essen?

Niemand fragt diese Menschen, was SIE eigentlich wollen, ob SIE einen Grund sehen, ihr Verhalten zu ändern. Es wird von ihnen nur Disziplin und Willensstärke erwartet. In den meisten Fällen ist das, was Eltern für ihre Kinder wollen, richtig, aber das reicht nicht aus. Die Kinder legen Wert darauf, eine eigene, freie Entscheidung zu treffen. Sie sind sehr oft in der Lage einzusehen, was in ihrem Interesse ist.

Hätten SchülerInnen die Freiheit zu lernen, wäre Lernen keine Pflicht. Es wäre nicht mit willkürlichen Zwängen verbunden. Die SchülerInnen könnten Lernen als das begreifen, was es eigentlich ist: ein Vergnügen.

Wenn Arbeit von den irrationalen Begleitumständen befreit wäre, die Gewinne gerechter verteilt würden und die ArbeitnehmerInnen mitbestimmen könnten, dann würde Arbeit ihrer Bestimmung gerecht: eine sinnvolle Beschäftigung mit befriedigenden Ergebnissen zum Wohle aller.

Die motivierende Gesprächsführung hat eine eindeutige Grenze. Wenn es keinerlei überzeugenden Grund gibt, etwas zu tun oder zu lassen, dann wird sich nichts ändern. Das ist der Charme dieser Methode. Sinnlose Pflichten bleiben unerfüllt. Arbeit ohne Nutzen bleibt ungetan. Anstrengungen ohne erkennbaren Zweck fallen weg. Manipulation wird entlarvt. Disziplin hat keine Chance. Steckt jedoch ein positiver Sinn dahinter, verwandelt sich Müssen in Wollen.

Kinder sind in der Lage einzusehen, was in ihrem Interesse ist.

Michael Pantalon hat die Methode der sofortigen Beeinflussung auf eine Kurzformel gebracht: Stellen Sie einer Person ausschließlich Fragen, damit sie Ihnen erzählt, warum sie etwas tun möchte, zum Beispiel:

- Warum könnten Sie in Erwägung ziehen, das zu tun? (An sich selbst gerichtet: Warum könnte ich in Erwägung ziehen, das zu tun?)
- Stellen Sie sich vor, Sie hätten die Aufgabe erfüllt. Was wären die positiven Folgen?
- Warum sind Ihnen diese Ergebnisse wichtig?
- Was wäre, wenn überhaupt, der erste Schritt?

Sie sehen, dass das motivierende Gespräch auch als Selbstgespräch geführt werden kann. Die Methode dient sowohl der Selbst- als auch der Fremdbeeinflussung.

Um es zu wiederholen: Instant Influence basiert auf Freiwilligkeit. Niemand lässt sich gerne vorschreiben, was er tun soll. Sie durchkreuzen Ihre positiven Absichten, wenn Sie sich zum Diktator aufschwingen, der anderen Befehle erteilt. Auch ein guter Diktator bleibt ein Tyrann. Man könnte sogar so weit gehen zu sagen: Wenn Sie verhindern wollen, dass jemand etwas tut, dann versuchen Sie, ihn dazu zu zwingen.

Sie können noch so viel Kreide fressen: Ihre Mitmenschen erkennen Ihre Absichten. Wenn hinter Ihrem süßlichen Gesäusel Druck spürbar ist, müssen Sie mit Widerstand rechnen. Wenn Sie es Ihrem Gegenüber aus innerer Überzeugung freistellen, wie er sich verhalten will, besteht die berechtigte Hoffnung, dass derjenige zu einem Entschluss kommt, der Ihnen gefallen wird, vorausgesetzt, Ihre Interessen stimmen überein.

Für Instant Influence braucht man keine Willensstärke, sondern Bewusstheit. Die Ziele und Gründe müssen überzeugen. Ist dies der Fall, genügt es, immer wieder daran zu erinnern. Das hat mit Anspannung des Willens nichts zu tun, sondern mit Fokussierung. Während Disziplin und Willensstärke primitive Werkzeuge der Vergangenheit sind, stellen Motivation und Lenkung des Bewusstseins intelligente High-Tech-Lösungen der Gegenwart und Zukunft dar.

Was würde passieren, wenn mehr Menschen fauler wären?

Veränderungsprozesse brauchen Zeit. Niemand muss befürchten, dass von heute auf morgen alle Menschen weniger arbeiten. Solche Befürchtungen sind Ausdruck eines irrationalen Alles-oder-Nichts-Denkens. Es geht nicht darum, dass heute immer mehr Menschen Überstunden leisten, selbst an Sonn- und Feiertagen zum Dienst gehen, morgen jedoch alle nur noch zehn Stunden pro Woche arbeiten.

Ich möchte an einem Beispiel darstellen, was möglich ist, wenn Menschen auf positive Weise fauler werden. Scott Nearing, geboren 1883, war an verschiedenen amerikanischen Universitäten Professor für Wirtschaftswissenschaften, bis er aufgrund seiner radikalen politischen Auffassungen entlassen wurde. Da er keine Lust hatte, seine Meinung zu ändern, zog er 1932 zusammen mit seiner Frau Helen auf eine Farm in Vermont und wurde Selbstversorger. Mit dem Erlös aus dem Verkauf von Ahornsirup kauften sie sich, was sie selbst nicht herstellen konnten. 20 Jahre später, als die Gegend vom Skitourismus erschlossen wurde und Scott sich davon gestört fühlte, zogen sie nach Maine und bauten dort ein zweites Mal eine Farm auf. Sie diente ihnen über 30 Jahre lang als Lebensgrundlage. Im Alter von 100 Jahren starb Scott. Helen, 20 Jahre jünger als er, führte die Farm weiter und starb im Alter von 90 Jahren.

Der Lebensweg von Helen und Scott Nearing ist in mehrfacher Hinsicht bemerkenswert: Als sie ihre erste Farm aufbauten, nahmen sie sich vor, täglich vier Stunden, wöchentlich sechs Tage und jährlich sechs Monate zu arbeiten. Die restliche Zeit sollten dem Reisen, Schreiben, Lesen und Zusammensein mit Freunden vorbehalten bleiben. An diesen Entschluss hielten sie sich. Von Disziplin keine Spur! Sie machten genau das, was sie wollten. Kein äußerer oder innerer Zwang trieb sie an. Vielmehr liebten sie ihren Lebensstil über alles. Arbeitseifer war ihnen fremd, ebenso Arbeitssucht. Sie gingen ihren zahlreichen Interessen nach. Leben und Arbeit waren ihnen keine Gegensätze. Die viel später propagierte Work-Life-Balance hatten sie bereits verwirklicht. Geistige und körperliche Tätigkeiten wechselten einander ab.

Im Laufe von 50 Jahren bauten sie drei Steinhäuser. Das geschah nebenbei, indem sie jeden Tag von ihren Spaziergängen ein paar Steine mitbrachten und nach und nach daraus Gebäude errichteten. Zeit spielte bei ihnen keine Rolle. Sie hatten es nicht eilig. Es entstanden sehr schöne Häuser, keine primitiven Selbstbauten.

Positives Faulsein ist harter Arbeit weit überlegen.

Man stelle sich das vor: in zwei Stunden pro Woche – die Nearings waren sechs Monate im Jahr mit anderen Dingen beschäftigt und ließen sonntags die Arbeit liegen – bauten zwei alte Leute – Scott war 50, als sie nach Vermont zogen, und 70, als sie in Maine neu begannen – drei Häuser. Sie produzierten Ahornsirup und versorgten sich selbst mit Gemüse aus dem Garten. Ohne andere auszubeuten, ohne jeden Bankkredit und ohne die Natur zu zerstören! Außerdem schrieben sie mehrere Bücher und bereisten die Welt.

Die Nearings haben den Beweis erbracht, dass positives Faulsein harter, sinnloser Arbeit weit überlegen ist. Als ich ihre Bücher las, wurde mir klar, dass etwas nicht stimmen kann, wenn

Menschen mehr als 40 Stunden in der Woche arbeiten, nur vier bis sechs Wochen Urlaub machen und trotz all ihrer Anstrengungen bestenfalls ein Haus kaufen können, das sie bis an ihr Lebensende abbezahlen müssen, weil die Zinsen für ihre Bankkredite so teuer sind wie ein zweites Haus.

Ich will damit nicht sagen, dass jeder so leben sollte wie die Nearings. Aber wenn mich jemand fragt: Was würde passieren, wenn wir alle faul wären?, fallen mir die beiden ein. Weltweit leben heute bereits etliche so vorbildlich faul, ohne Disziplin und Willensstärke. Sie gehen ihren Interessen nach, verdienen ihr Geld mit ihren Lieblingsbeschäftigungen und sind die ganze Zeit positiv motiviert.

Diese Art Faulsein könnte ein wegweisendes Modell für alle sein.

Stell dir vor, es ist Krieg und keiner geht hin

Den japanischen Künstler und Friedensaktivisten Kazuaki Tanahashi habe ich Ihnen am Anfang des Buchs mit einem Zitat vorgestellt: »To be thoroughly lazy is a tough job, but somebody has to do it. Industrious people build industry. Lazy people build civilization.« Es ist eine großartige Aussage und enthält ein intelligentes Wortspiel. »Industrie« leitet sich vom lateinischen »industria« ab, was soviel wie Fleiß, Betriebsamkeit bedeutet. Deshalb könnte man Tanahashis Ausspruch so übersetzen: »Völlig faul zu sein, ist ein harter Job, aber jemand muss ihn erledigen. Betriebsame Menschen schaffen Betriebe. Faule Menschen schaffen Kultur.«

Tanahashi hat das Projekt »Eine Welt ohne Armeen« gegründet, nachdem er gehört hatte, dass der Präsident Rodrigo Carazo 1949 in Costa Rica die Streitkräfte abgeschafft und die frei gewordenen Mittel in Krankenhäuser und Schulen investiert hatte. Als Jugendlicher nahm Tanahashi Unterricht bei Morihei Ueshiba, dem legendären Begründer des Aikido. Dieser hatte erst die japanischen Kampfkünste gelernt, sich dann aber von der kriegerischen Tradition befreit, indem er mit dem Aikido, dem Weg der Harmonie der Kräfte, eine neue Form der Selbstverteidigung erfand.

Beim Aikido geht es nicht darum, den Angreifer zu verletzen, sondern ihn solange so sanft wie möglich abzuwehren, bis er wieder zur Vernunft gekommen ist. Die höchste Form des Aikido hat derjenige erreicht, der allein durch Worte oder seine einfache Gegenwart den Aggressor beruhigt.

Allzu oft maskieren die »Verteidiger« ihre eigenen Aggressionen. Sie nehmen Provokationen anderer zum Vorwand, um über sie herzufallen, gewalttätiger als der ursprüngliche Anlass es gerechtfertigt hätte. Heute gibt es keine Kriegsminister mehr. Jeder, selbst der aggressivste Diktator, behauptet, sich nur zu verteidigen. Kriege werden nicht mehr offiziell erklärt, sondern beginnen häufig verdeckt. Verhüllend werden sie »bewaffnete Konflikte« oder »militärische Auseinandersetzungen« genannt.

Die Polizei setzt gelegentlich »agent provocateurs« ein. Das sind Personen, die im Auftrag des Staates andere zu Straftaten anstiften sollen, damit die Polizei dann zuschlagen kann. Auf diese Weise werden Angriffe der Staatsmacht zum Schein legitimiert. Der Einsatz von V-Männern, verdeckten Ermittlern und inoffiziellen Mitarbeitern (IMs) ist in einer Demokratie problematisch. Nach Demonstrationen kommt regelmäßig der Verdacht auf, die Polizei habe durch provozierende Spitzel sich selbst den Anlass zum brutalen Eingreifen geschaffen.

Stellen Sie sich vor, wir wären alle viel zu faul, andere anzugreifen. Ab und zu würde irgendein Irrer einen Krieg führen wollen, aber niemand ginge hin: keine Lust, Besseres zu tun, zu viel Action.

Sind es die Fleißigen oder die Faulen, die Kriege führen? Die Antwort ist eindeutig. Welcher Faule hätte die Energie, Tag und Nacht Kanonen zu bedienen, Massaker zu begehen, Waffen zu schmieden und Weltreiche aufzubauen? Das machen nur die fleißigen Soldaten mit großer Disziplin und Willensstärke.

Welcher Faule möchte schon Kriegsheld werden? Was hat man von den vielen Toten, den schweren Verwundungen, den fortwährenden Traumata? Einen Orden vielleicht.

Kriege verstoßen gegen jede Moral. Aber selbst wenn man nur ganz nüchtern die Kosten bedenkt, rechnen sich Kriege nicht. Schon in Friedenszeiten werden durch Rüstungsausgaben so viele Mittel gebunden, dass das Geld für den Bau von Straßen, Schulen, Krankenhäusern und Theatern fehlt, also für alles, was eine Zivilisation ausmacht. Die Kriegszerstörungen werfen Nationen für Jahrzehnte zurück. In den Ländern, in denen der Zweite Weltkrieg tobte, sind die Schäden bis heute nicht vollständig überwunden, schon gar nicht die inneren. Mit welchen Summen soll man Traumata veranschlagen, die über Generationen weitergegeben werden?

Die Menschheit arbeitet im Moment fleißig an zwei Selbstmordprogrammen: Krieg und Umweltzerstörung. Wir müssen zumindest, was das angeht, viel, viel fauler werden.

Ein Gesundheitssystem, das seinen Namen verdient

In unserem »Gesundheitswesen« steckt so viel Mühe und Arbeit. Aber werden wir gesünder? Was ist Gesundheit eigentlich? Die Weltgesundheitsorganisation hat sie definiert als »einen Zustand des vollständigen körperlichen, geistigen und sozialen Wohlergehens und nicht nur das Fehlen von Krankheit oder Gebrechen«. Gegenwärtig schaffen wir nicht einmal den zweiten Teil der Definition.

ÄrztInnen sind rund um die Uhr im Einsatz. Von den frühen Morgenstunden bis in den späten Abend operieren die emsigen ChirurgInnen. Sie tauschen Herzen, Lebern und Lungen aus. Neue Hüft- und Kniegelenke? Alles kein Problem. ZahnärztInnen und ihre KollegInnen aller Fachrichtungen bieten inzwischen auch am Samstag und in den Abendstunden Termine an.

Fleißig werden Medikamente verschrieben. Tausende Medikamente stehen zu Verfügung. Etliche PatientInnen bauen morgens, mittags und abends ein ganzes Arsenal an Pillen und Pülverchen vor sich auf, um es dann zu schlucken. Über 25 Milliarden Euro setzt die Pharmaindustrie jährlich in Deutschland um. Dem Bruttosozialprodukt tut das gut, den Menschen auch?

Der leichtfertige Einsatz von Antibiotika führt zunehmend zu Resistenzen bei den Bakterien, die sie eigentlich bekämpfen sollen. Die Zahl der Gesundheitskrisen und Todesfälle, die durch Medikamentenmissbrauch entstehen, lässt sich nur erahnen. »Iatrogene« Erkrankungen sind ein Tabuthema. Das sind solche, die erst durch den Kontakt mit ÄrztInnen auftreten. Dazu gehören beispielsweise die Infektionen, die aufgrund mangelnder Hygiene vor, während und nach Operationen in Krankenhäusern ausgelöst werden. Aber auch falsche Diagnosen und Therapien gefährden Leib und Leben der PatientInnen.

Was läuft schief? Wenn Gesundheit vollständiges körperliches, geistiges und soziales Wohlergehen sein soll, bräuchten wir eine andere Lebensweise. Stress ist der Hauptfaktor bei der Entstehung und Verschlimmerung von Krankheiten. Wir beunruhigen uns durch zu viele irrationale, den Tatsachen zuwiderlaufende Gedanken. Ängste und Sorgen, Depressionen und Lustlosigkeit müssten an der Quelle beseitigt werden. Die Hauptursache, das sind die zahlreichen Denkfehler, mit denen wir uns quälen. Vor allem das ständige Müssen baut zu viel Druck auf (»ich muss mehr leisten«, »du solltest nicht so faul sein«, »er darf nicht in der Schule versagen«, »sie muss die besten Noten erreichen«, »es muss mehr für die Gewinne der deutschen Wirtschaft getan werden«, »wir müssen den Gürtel enger schnallen«, »ihr solltet euch alle mehr anstrengen«, »sie dürfen sich erst ausruhen, wenn die Umsätze stimmen«).

Was bedeutet Gesundheit?

Zu viel Arbeit macht Menschen ebenfalls krank. Sie führt unter anderem zu chronischer Erschöpfung. Zum krankmachenden Lebensstil gehören Bewegungsarmut, zu viel Essen, zu viel Rastlosigkeit und zu viele Reize, die die Sinne überlasten. Wer soll das aushalten? Wie sollen Medikamente und Operationen eine falsche Lebensweise ändern?

Wir haben die Wahl zwischen Prävention und Rehabilitation. Krankheiten vorzubeugen ist wesentlich einfacher als sie zu heilen. Für Faule liegt die Entscheidung daher auf der Hand.

Ich habe zu Beginn des Buchs gesagt, mit wie wenig Aufwand Fitness aufgebaut werden kann. Bereits 30 Minuten pro Woche genügen. Weder Blut noch Schweiß noch Tränen fließen dabei. Ganz anders bei der ärztlichen Behandlung. Viel Fleiß, Disziplin und Willensstärke sind nötig, um wieder auf die Beine zu kommen, falls es überhaupt noch eine Chance gibt. Die lutherische Maxime (»nichts als Mühe und Arbeit«) wird durch Vernachlässigung gesunder Verhaltensweisen zur sich selbsterfüllenden Prophezeiung. Das alte, negative Weltbild (»wir leben in einem Jammertal«) scheint sich zu bewahrheiten.

Was ist es für ein Irrsinn, dass ÄrztInnen aufgrund ihrer mörderischen Arbeitsüberlastung eine weit unterdurchschnittliche Lebenserwartung haben (vor allem ChirurgInnen), dafür aber eine überdurchschnittliche Suizidrate! Von ÄrztInnen würde ich eigentlich erwarten, dass sie in puncto gesundem Lebensstil allen anderen ein Vorbild sind. Die Gesellschaft leidet darunter, dass es zu viele kranke Ärzte, zu viel neurotische Therapeuten und zu viel gottlose Priester gibt.

In Israel erbrachte ein Ärztestreik ein überraschendes Ergebnis. Während dieser Zeit ging die Zahl der Herzinfarkte, Unfälle und weiterer Notfälle, die eine ärztliche Behandlung erforderlich gemacht hätte, drastisch zurück. Alle waren über Nacht wunderbar faul geworden: die ÄrztInnen ebenso wie die PatientInnen.

Faule Lehrer, kluge Schüler

Unsere Schulen sind Lernfabriken geworden, und manchmal sehen sie auch so aus. Obwohl Planwirtschaft sonst allgemein ablehnt wird, geht man im Bildungssystem davon aus, dass sie funktioniert. Die Wirtschafts-Fünf-Jahres-Pläne, die in sozialistischen Staaten seinerzeit üblich waren, nehmen sich gegen deutsche Schul- und Hochschul-Lehrpläne geradezu bescheiden aus. Hier wird nicht über fünf Jahre, sondern bis zu zwölf im Voraus geplant.

Pläne funktionieren nur, wenn sich alle daran halten. Deshalb wird auf Disziplin in den Schulen so viel wert gelegt. Was dem preußischen Militär der Stechschritt war, ist der bundesrepublikanischen Schulverwaltung Pünktlichkeit, Fleiß und – Disziplin. Die deutschen Sekundärtugenden eben.

»Life is what happens to you while you're busy making other plans«, sang John Lennon 1980 in »Beautiful boy«. Das Leben läuft ab, während du fleißig dabei bist, andere Pläne zu machen. Auf die Schule übertragen hieße das: Lernen findet statt, während die Schulverwaltung gerade andere Pläne macht. Die Aneignung von Wissen, Fähigkeiten und Erfahrungen lässt sich nicht verordnen. Planwirtschaft scheitert, egal, wo sie praktiziert wird.

Lernen geschieht organisch, sprunghaft, chaotisch und nicht systematisch, ordnungsgemäß, nach Plan. Als Beispiel mag der Spracherwerb dienen. Wie lernt ein Kind seine Muttersprache? Indem es die Lauscher aufstellt, nachplappert und mit der Zeit konkrete ebenso wie abstrakte Dinge mit bestimmten Lautfolgen verbindet. Kein Wörterbuch, keine Grammatik, keine Systematik, keine Sprachfibel, keine Hausaufgaben und keine Klassenarbeiten: nichts von alledem, was im Sprachunterricht unserer Schulen für unverzichtbar gehalten wird.

Ich erinnere mich, dass meine Lehrerin in der allerersten Französischstunde ganz großes Theater bot. Sie ging im Klassenraum herum, sprach wild gestikulierend in einer fremden Sprache vor sich her, machte die Tür auf, schloss sie wieder, ging zum Fenster, machte es auf und wieder zu und irgendwie dämmerte uns, dass die französischen Laute wohl irgendetwas mit ihrem seltsamen Treiben zu tun hatte. Danach musste jeder Schüler dasselbe Theater aufführen, also hörten wir das Ganze über dreißig Mal. Es sind die einzigen französischen Sätze, die sich mir tief eingeprägt haben, obwohl ich danach noch sieben Jahre Französisch-Unterricht hatte und heute nicht in der Lage bin, fließend französisch zu sprechen.

Wäre meine Französischlehrerin nie von ihrem didaktischen Konzept der ersten Stunde abgewichen, hätten wir alle Französisch wie unsere Muttersprache gelernt. Stattdessen begann danach das Sprachenlernen nach Lehrplan. Was für eine Zeitverschwendung! Wie viel sinnlose Arbeit und Mühe!

Aus dem Lernen eine Pflicht zu machen, bedeutet, Wollen in Müssen zu verwandeln. So werden aus neugierigen, aufgeweckten Kindern gelangweilte SchülerInnen, die sich innerlich gegen den Zwang des Lernensollens auflehnen. In den sozialistischen Staaten reagierten die BürgerInnen ähnlich. Sie stumpften ab. Ihre Eigeninitiative erlahmte. Ihre Gesichter bekamen den Ausdruck von Freudlosigkeit. Die Bereitschaft zur Teilnahme am gesellschaftlichen Leben beschränkte sich auf das notwendige

Mindestmaß. Übertragen Sie das auf unser Schulsystem, und Sie verstehen, was dort passiert.

Für die LehrerInnen ist die Schule ebenfalls kein Vergnügen. Sie strengen sich in der Mehrzahl so sehr an. Doch werden sie zwischen Schulverwaltung, Eltern und SchülerInnen aufgerieben. Deshalb erreichen die meisten nicht das normale Pensionsalter. Und dann müssen sie sich auch noch anhören, sie seien in Wirklichkeit faul. Das setzt der Absurdität die Krone auf.

Ich habe nichts gegen die am Schulbetrieb Beteiligten, aber eine Menge gegen das Unterrichtssystem. Während meiner Ausbildung zum Juristen absolvierte ich ein mehrwöchiges Praktikum in der Schulverwaltung. Ich stellte fest, dass – anders als ich es vielleicht erwartet hatte – alle dort unglaublich sympathisch waren: die SchulrätInnen, die BildungspolitikerInnen, die SchulleiterInnen. Da ich die Schule erst wenige Jahre zuvor verlassen hatte, wusste ich aber, dass das Ergebnis ihres Tuns unbefriedigend, ja deprimierend war. Ihnen war das übrigens genauso klar. Mit meiner Kritik, die ich Ihnen gegenüber äußerte, lief ich offene Türen ein. Daraus ließ sich nur ein Schluss ziehen: Die Schule funktioniert als System nicht, egal, was der Einzelne tut.

Solange das Lernen nicht selbstbestimmt, mindestens mitbestimmt, erfolgt, ist keine positive Veränderung zu erwarten. In einem Schulsystem, das Disziplin, harte Arbeit, Fleiß und Willensstärke verlangt, ringen die SchülerInnen verständlicherweise um ihre Autonomie. Sie verweigern sich lieber dem Zwang, als dass sie sich unterordnen. Die SchülerInnen haben dabei meine volle Sympathie und die LehrerInnen tun mir leid.

Seit ich das staatliche Bildungssystem verlassen habe, macht mir das Lernen wieder Spaß. Ich kenne viele, denen es ähnlich geht. Leider kenne ich noch mehr, die als Erwachsene mit dem Thema abgeschlossen haben und nicht mehr bereit sind, Neues zu lernen, weil Lernen für sie mit zu unangenehmen Erinnerungen verbunden ist. Nur wenn sie an einer beruflichen Fortbildung teilnehmen müssen (!), geben sie dem Druck nach und bringen es hinter sich.

Die Schulen sind zweifellos in der Krise. Die Unzufriedenheit ist immens. Es macht keinen Sinn, so weiterzumachen wie bisher. Wenn der Unterricht wirklich auf das Leben vorbereiten soll, sind radikale Reformen nötig. Aus den Lernfabriken könnten Orte werden, wo Kinder gerne freiwillig hingehen, weil sie merken, dass sie dort Dinge lernen, die ihnen das Leben erleichtern und nicht erschweren.

Schule funktioniert als System nicht.

Es wäre besser, Schulen nicht als Besserungsanstalten zu konzipieren. Kinder sind nicht defizitär. Ihnen müssen keine Schwächen ausgetrieben werden. Fehler zu erlauben, wäre ein Meilenstein auf dem Weg zu menschengerechten Schulen. Die SchülerInnen würden klüger, wenn die LehrerInnen fauler wären. Im Moment werden so unendlich viele Kräfte verschwendet. Der Fleiß, der in die Entwicklung von Lehrplänen gesteckt wird, ist vergeblich (learning happens while you're busy making other plans). SchülerInnen könnten sich, wenn nötig, gegenseitig korrigieren. Sie wären engagierter, wenn sie ihre Entwicklung selbst organisieren dürften. Meine Schulzeit hatte ihre besten Momente, als wir freiwillig und spielerisch lernten.

Eine gerechtere Justiz

Der Europäische Gerichtshof für Menschenrechte hat die Bundesrepublik Deutschland wiederholt gerügt, weil die Verfahren vor den Gerichten zu lange dauern. Es können sechs, 13 oder auch mal 29 Jahre ins Land gehen, bevor das Ende eines Prozesses abzusehen ist.

Die durchschnittliche Verfahrensdauer vor den Amtsgerichten beträgt in Zivilsachen sieben Monate. Werden Rechtsmittel vor den Land- und Oberlandesgerichten eingelegt, kommen noch einmal acht bzw. zehn Monate dazu. Das summiert sich alles in allem auf ca. zwei Jahre.

In Familiensachen muss man vor den Amtsgerichten im Durchschnitt mit zehn Monaten und in der zweiten Instanz mit 20 Monaten rechnen. Bis die Scheidung durch ist, vergehen also rund zwei bis drei Jahre, wohlgemerkt: im Durchschnitt. Sprechen Sie mal ScheidungsanwältInnen auf ihre dickeren Prozessakten an. Dann werden sie nur ein Stöhnen hören.

Über die Verfahrensdauer vor dem Bundesgerichtshof schweigt die amtliche Statistik. Es scheint aber so zu sein, dass die Revision etwa ein Jahr in Anspruch nimmt. Geht dem eine Nichtzulassungsbeschwerde voraus (Rechtsmittel vor dem BGH können nicht ohne weiteres eingelegt werden), ist mit ca. zwei Jahren zu rechnen.

Wer prozessiert, sollte also Zeit haben. Geld kann auch nicht schaden; denn die Gerichte und Rechtsanwälte arbeiten natürlich nur gegen Bezahlung. Bei den Gerichten gilt Vorkasse. Selbstverständlich machen Richter Fehler. Erwarten Sie aber bitte keinen Schadensersatz. Die Justiz genießt ein einzigartiges Privileg. Eine Haftung für fehlerhafte Rechtsprechung ist praktisch ausgeschlossen.

RichterInnen und AnwältInnen sind sehr fleißig. Schriftsätze und Gerichtsurteile können einige Dutzend Seiten umfassen. Das Bundesverfassungsgericht veröffentlicht seine wichtigsten Urteile ebenso wie die anderen höchsten Gerichte in Buchform. Die Länge dieser Urteile ist im europäischen Vergleich einzigartig und kann sich auch weltweit sehen lassen.

Da ich in einem anderen Leben – oder vielleicht sollte ich besser sagen: in meinem ersten Beruf – Jurist war, kenne ich die Mentalität der Gerechtigkeitsindustrie genau. Einer meiner Ausbilder sagte mir, dass es nicht wichtig sei, ob die richterliche Entscheidung richtig (gerecht!) sei, sondern entscheidend, wie sehr man sich dabei angestrengt habe.

Dieser Jurist war nicht irgendein kleiner Amtsrichter (nichts gegen AmtsrichterInnen!), sondern stand in der Justizhierarchie ganz oben. Er empörte sich regelmäßig über einen Richter der ersten Instanz, dessen Urteilsbegründungen selten länger als eine halbe Seite waren. Mir gefiel die Courage des »Kurzschreibers«; denn er sagte in wenigen Worten, was andere auf Dutzenden von Seiten nicht zustande brachten. Dazu muss man wissen, dass die tragenden Gründe einer Entscheidung stets nur wenige Sätze umfassen. Wer mit wenigen Worten nicht überzeugen kann, schafft es auch mit vielen nicht. Jeder über die tragenden Gründe hinausgehende Satz ist nur schmückendes Beiwerk. Aber deutsche JuristInnen sind gerne fleißig.

Ach, wenn es doch der Wahrheitsfindung dienen würde! Leider ist es in vielen Fällen nur blinder Aktionismus.

Für Rechtsanwälte sind langwierige Prozesse ein Verlustgeschäft. Ihre Gebühren werden nicht höher, wenn ein Verfahren lange dauert. Richter dagegen erhalten am jedem Ersten ihr ansehnliches Gehalt. Ob die RichterInnen schneller verhandeln würden, wenn ihr Einkommen davon abhinge?

Ich plädiere nicht dafür, »kurzen Prozess« zu machen. Aber der Europäische Gerichtshof hätte weniger zu tun, wenn die deutschen Richter im positiven Sinne fauler wären. Da sie so viel arbeiten, denken sie zu wenig über Gerechtigkeit nach. Dazu fehlt ihnen die Zeit. Ihre Aktenberge türmen sich ohnehin schon meterhoch auf. Mühe und Arbeit können nicht die wichtigsten Kriterien richterlicher Rechtsfindung sein. Anders wäre es, wenn die Anstrengung zu mehr Gerechtigkeit führen würde. Dafür gibt es jedoch keinerlei Beweis.

Das Ende des Krisenmanagements

Als Konrad Adenauer 1949 Bundeskanzler wurde, war er 73 Jahre alt. Mit 87 Jahren hörte er auf, blieb aber bis zu seinem Tod im Alter von 91 Jahren Bundestagsabgeordneter. Damit ist er der bisher älteste Parlamentarier. Es heißt, dass er seinen Nachfolger Kiesinger noch vom Sterbebett aus mit Ratschlägen unterstützte.

Szenenwechsel. Am 25. August 2010 gab der Hamburger Bürgermeister Ole von Beust nach knapp acht Jahren sein Amt auf. Zu diesem Zeitpunkt war er 55 Jahre alt. Von Beust zog sich vollständig aus der Politik zurück. Nach der Ankündigung seines Rücktritts sagte er, dass er sich verbraucht fühle: »Man ist einfach schneller durchgenudelt, als das vor 20 Jahren der Fall war.« Für ihn gelte: »32 Jahre Landespolitik, davon 17 hauptberuflich – das ist genug.«

Es geht mir hier nicht um die Person Ole von Beusts, sondern um das Phänomen, dass PolitikerInnen sich heute in einem Alter verbraucht fühlen und erschöpft aufgeben, als Adenauer noch fast 20 Jahre von seinem Amtsbeginn entfernt war. Wie ist das möglich?

An der Zeit kann es nicht liegen. Nach dem Krieg waren ernstere Probleme zu lösen als heute, so schwierig manches im Augenblick auch erscheinen mag. Ebenso wird niemand ernsthaft bestreiten wollen, dass das Amt des Bundeskanzlers größere Herausforderungen mit sich bringt als das eines Bürgermeisters. Trotzdem vermochte ein 87-Jähriger vor 50 Jahren offenbar mehr zu leisten als ein 55-Jähriger heute. Wie kann das sein?

Könnte es daran liegen, dass Adenauer zu den positiv Faulen gehörte? Dass er als rheinische Natur – Adenauer war Kölner – eine Abneigung gegen Preußen hegte, ist bekannt. Daher lag ihm Bonn nicht nur geographisch stets näher als Berlin. Er liebte Rosen, Italien und das Boccia-Spiel. Stellen Sie sich das bitte vor: ein Bundeskanzler, der sowohl in seinem Garten in Rhöndorf als auch im Park seines Amtssitzes, dem Palais Schaumburg in Bonn, eine Boccia-Bahn bauen ließ! Ein Mensch, der sich die Zeit nahm, seine Arbeit für eine gute Partie Boccia zu unterbrechen. Ein Mann, der nie aufhörte zu spielen.

Wir brauchen mehr positiv faule PolitikerInnen.

Sein südländisch anmutender Garten bewies mit seiner Vielfalt an Pflanzen, Plastiken und Brunnen Adenauers Sinn für die schönen Seiten des Lebens. Seinen Urlaub verbrachte er regelmäßig in Italien, in Cadenabbia am Comer See. Die dortige Villa La Collina war seine Sommerresidenz. Das Palais Schaumburg in Bonn, das er als Bundeskanzleramt nutzte, ist ein schlossähnliches Gebäude mit weitläufigem Park direkt am Rhein. Auf Adenauers Wunsch wurde dort 1955 zusätzlich das sogenannte Kanzler-Teehaus gebaut, ein kleiner Pavillon, der es ihm erlaubte, sich ins Grüne zurückzuziehen, wenn er sich ausruhen wollte. Die Terrasse bietet einen schönen Blick auf den Rhein.

Hört sich das für Sie nach harter Arbeit an? Rosen, Boccia, Gärten, Teehaus? Trotzdem ist die Lebensleistung Adenauers unbestritten. Könnte es sein, dass Adenauer gerade deshalb zu einem der größten deutschen Politiker wurde, weil er einen gesunden Sinn für Entspannung, um nicht zu sagen: Faulheit, hatte? Man braucht Zeit zum Nachdenken, wenn man hohe Ziele hat. Stille, um die Prioritäten zu ordnen. Erholung, um lange durchhalten zu können. Adenauer hat noch im hohen Alter so manchen Jüngeren in zähen, nächtlichen Verhandlungen zermürbt und schließlich zum Nachgeben bewegt.

Positive Faulheit lässt das Nebensächliche beiseite. Sind unsere PolitikerInnen heute zu fleißig? Wissen sie nicht mehr, das Wichtige vom Unwichtigen zu trennen? Verbrauchen sie sich dadurch schon in jungen Jahren? Nicht nur Ole von Beust mit 55 Jahren, sondern noch viel jüngere PolitikerInnen sind frühzeitig am Ende. Marina Weisband, die politische Geschäftsführerin der Piratenpartei, warf bereits mit 25 Jahren nach nur elf Monaten wegen Überlastung das Handtuch.

In meiner Zeit als Jurist bekam ich einen Einblick in die Termine des Ersten Bürgermeisters der Freien und Hansestadt Hamburg (das war vor Ole von Beusts Amtszeit). Meine Bestürzung über die Fülle der Verpflichtungen wurde nur noch übertroffen durch die Betroffenheit über die Nichtigkeit derselben. So viel blinder Aktionismus! Ein randvoller Kalender mit so wenig Substanz.

Festansprache zum 50jährigen Jubiläum des Kaninchenzüchtervereins in Mümmelmannsberg, Einweihung eines neuen Geräteschuppens der Freiwilligen Feuerwehr in Allermöhe, Eröffnung der Coiffeurbedarfsmesse »Hamburg macht sich hübsch«. Und so weiter und so weiter. Den ganzen lieben Tag lang! Kein Wunder, dass Politik so oft reines Krisenmanagement ist. Es fehlt die Zeit, sinnvolle Ziele zu diskutieren, neue Vorschläge zu bedenken und Alternativen zu erwägen. Allenfalls wenn es irgendwo brennt, entfällt das Meeting mit den Spitzen der Dachdeckervereinigung.

Die öffentliche Meinung duldet keine faulen Politiker mehr. Heute würde es gleich heißen: »Der Euro ist in Gefahr, und die Frau Bundeskanzlerin spielt Boccia!« Würde sie es doch tun!

Nachhaltiges Wirtschaften

In den vergangenen 60 Jahren wurde die Hälfte des tropischen Regenwaldes abgeholzt. Das ist eine beachtliche Zahl, nahm diese Vegetationsform doch ca. elf Prozent der Landoberfläche der Erde ein. Die Auswirkungen dieses eifrigen Bäumefällens auf das globale Klima sind umstritten. Sie dürften jedoch nicht allzu positiv sein.

Man braucht jedoch nicht bis zum Äquator zu gehen, um zu beobachten, wie fleißig die Natur von Menschen zerstört wird. Kaum noch ein Fluss in Europa, der nicht kanalisiert ist. Emsig werden immer mehr Autos produziert. 2012 fuhren und standen etwa 43 Millionen davon auf deutschen Straßen. Dazu kommen noch neun Millionen andere Fahrzeuge wie Lkw und Busse. Jedes Jahr werden es mehr. Man darf gespannt sein, wann die Straßen »gesättigt« sind. Die Parkplätze werden zunehmend rar.

Autos belasten die Umwelt enorm. Die Abgase verpesten die Luft. Der Lärm betäubt die Ohren. Vögel haben es angeblich schwer, sich mit ihrem Gezwitscher noch zu verständigen. Die Motoren verbrennen das kostbare Mineralöl, das in einigen Jahrzehnten wohl verbraucht sein wird. Um richtig rollen zu können, benötigen Automobile ein dichtes Straßennetz. Autobahnen verschandeln Landschaften, die ohne sie paradiesisch wären. Die Autoproduktion, mit großer Mühe, viel Arbeit und Fleiß betrieben, verschlingt riesige Mengen an Rohstoffen, Wasser und Energie.

In den großen westlichen Industrienationen kommen um die 500 Autos auf 1.000 Einwohner. Da ist noch viel Luft nach oben, denn in Andorra besitzen 926 von 1.000 einen Pkw. Auch in China besteht Nachholbedarf. Im Moment können sich nur zwölf von 1.000 ein Auto leisten. Rechnet man die Zahlen anhand der deutschen hoch, fehlen dort noch 650 Millionen Autos, gemessen an Andorra sogar 1,3 Milliarden. Wenn wir alle fleißig genug sind, können wir es zusammen schaffen. Die Frage ist nur: was?

Wie viele Autos, Flugzeuge, Schiffe und andere Maschinen hält die Erde aus? Die Menschheit hat vor 200 Jahren ein groß angelegtes Experiment begonnen. Industrialisierung ist sein Name. Sie allein ist jedoch nicht das Problem. Erst die Wachstumsideologie macht aus ihr ein monströses Unternehmen. »Mehr« heißt das Zauberwort. Größer, höher, schneller, weiter soll es gehen. Was brauchen wir? Mehr Wachstum! Mehr Arbeitsplätze, mehr Geld, mehr Umsatz, mehr Exporte, mehr Profite, mehr Zinsen. Mehr, mehr, mehr. Nicht Wachstum und Progression, sondern Stillstand und Rückgang bedeuten angeblich den Tod. Bereits Gewinneinbrüche, d.h. geringere Gewinne als im Vorjahr, lösen an den Börsen regelmäßig Panik aus.

Der Club of Rome, der sich mit den Zukunftsfragen der Menschheit beschäftigt, legte 1972 eine Studie mit dem Titel »Die Grenzen des Wachstums« vor. Darin wurde bei weiterer Zunahme der Weltbevölkerung, Industrialisierung und Umweltzerstörung ein Ende dieses irrsinnigen Wachstumsprozesses innerhalb der nächsten 100 Jahre prognostiziert. Erstmals trat vielen Menschen die Endlichkeit des quantitativen Fortschritts vor Augen.

In seinem jüngsten Report »2052: Eine globale Vorhersage für die nächsten 40 Jahre« hat der Club of Rome seine Annahmen konkretisiert. Inzwischen gehen die meisten Forscher davon aus, dass es bereits bis 2042 zu regionalen Kollapsen der Umwelt kommen werde. Der Klimawandel werde sich in der zweiten Hälfte des Jahrhunderts dramatisch verstärken. Zu erwarten seien mehr Dürren und Fluten sowie ein Anstieg der Temperaturen und des Meeresspiegels.

Die Wirtschaft schade mit ihrem steten Wachstum dem Klima. Der Preis für die Umweltzerstörung werde die Gewinne der Konzerne um ein Vielfaches übertreffen. Der Grund für den Niedergang des Westens sei der Triumph des Finanzkapitalismus. Das österreichische Club-of-Rome Mitglied Karl Wagner sagt ab 2020 eine Revolution der jungen Generation voraus, die schließlich zu nachhaltigerem Wirtschaften führen werde. Andere glauben dagegen, dass sich rechtzeitig nichts mehr ändern werde.

Ich denke, dass die grundsätzlichen Aussagen des Club of Rome richtig sind. Man braucht kein Prophet zu sein, um ein Ende unserer Wirtschaftsweise vorauszusehen. Zentrale Annahmen der Menschheit haben sich als falsch erwiesen: dass die Erde eine Scheibe sei und die Sonne sich um die Erde drehe. Der Glaube, unendliches quantitatives Wachstum sei möglich, wird sich ebenfalls als unzutreffend erweisen.

Mehr Wachstum brauchen wir in qualitativer Hinsicht. Mehr positive Faulheit, mehr Entspannung, mehr Pausen, mehr Zufriedenheit, mehr Liebe. Qualitativem Wachstum sind keine Grenzen gesetzt. Unermessliches Glück, unendliche Liebe, grenzenlose Gelassenheit: das wären bessere Ziele als der größenwahnsinnige Versuch, die Profite jedes Jahr zweistellig zu steigern.

Wer mit sich im Reinen ist, braucht keine Millionen. Nur diejenigen, deren Selbstwertgefühl beschädigt ist, streben nach immer mehr materiellem Besitz. Das belegen psychologische Studien. Je leerer man sich innen fühlt, desto stärker wird die Notwendigkeit, im Äußeren einen Ersatz dafür zu finden.

Sicher trägt auch die spirituelle Krise dazu bei, dass so viele Menschen verzweifelt nach äußerem Halt suchen. Glaubt man, man habe nur dieses eine Leben und dann sei alles für immer vorbei, ist es nur folgerichtig, dass man so lebt, als gebe es kein Morgen. Die Priester predigen wie die Politiker Wasser und trinken Wein. Die römischen Päpste treten ähnlich wie die englische Queen in ständig wechselnden Garderoben auf. Vom Vermögen der Kirche fließt erstaunlich wenig in karitative Zwecke.

Materieller Reichtum ist keine Voraussetzung für Glück.

Den Menschen auf Erden nichts als Mühe und Arbeit zu verheißen, ist im Grunde genommen eine Verachtung der göttlichen Schöpfung. Ich habe im ersten Teil des Buchs ausführlich dargelegt, wie stark solche Glaubenssätze unser Handeln noch heute beeinflussen. Im Namen Gottes werden nicht nur fleißig Kriege geführt, sondern Faulheit wird sogar als Todsünde angesehen.

Dabei ist das eigentliche Problem der menschliche Fleiß. Er ist die neue Todsünde. In Kombination mit Atomwaffen, Atomkraftwerken, Industrierobotern und all den anderen mächtigen Werkzeugen, die die Menschen in den vergangenen zweihundert Jahren geschaffen haben, führen Disziplin und Fleiß uns in den Abgrund.

Es ist dringend erforderlich, dass wir weltweit fauler werden und so wirtschaften, dass wir die Lebensgrundlagen nicht zerstören. Da materieller Reichtum keine Voraussetzung für Glück ist, werden wir keine Einbuße an Lebensqualität erleiden, wenn wir weniger produzieren und konsumieren. Dann haben wir endlich Zeit, mit unseren Freunden zusammenzuleben, uns sinnvoll zu beschäftigen und anderen zu helfen. Diese bisher vernachlässigten Tugenden machen das wahre Glück aus.

Und dann ist Feierabend

Nein, die Welt bricht nicht zusammen, wenn wir fauler werden. Sie wird es jedoch tun, wenn wir so weitermachen wie bisher. Trotz Disziplin und Fleiß haben wir keinen sozialen Frieden in Europa, kein Gesundheitssystem, das zu völligem körperlichen, geistigen und sozialen Wohlbefinden führt, keine Schulen, die die SchülerInnen zu einem glücklichen, zufriedenen Leben befähigen, keine Justiz, die Gerechtigkeit schafft, keine Politik, die das Wohl der Allgemeinheit garantiert, keine Wirtschaft, die unser Überleben dauerhaft sichert.

Feierabend meint nicht den Zusammenbruch, sondern eine fast vergessene Gewohnheit. Am Abend die Arbeit ruhen zu lassen, den Tag zu preisen und sich der Früchte der Anstrengungen zu erfreuen: Diese Fähigkeit ist uns weitgehend abhandengekommen.

Ich kann mich noch gut erinnern, dass das Leben vor 50 Jahren nicht nur aus Arbeit bestand. Selbst in einer Großstadt wie Berlin schlossen die meisten Läden zwischen 13 und 15 Uhr. Die Ladeninhaber kochten sich ein Mittagessen und machten ein kleines Schläfchen. Es gab ein Innehalten inmitten der Betriebsamkeit. Danach ging es weiter bis 18 Uhr, bei einigen bis 18.30 Uhr. Dann machten die Läden bis zum nächsten Morgen zu. Das Leben beruhigte sich. Eine angenehme Entspanntheit breitete sich aus.

Am Samstag war meist gegen 13 Uhr Schluss. Am Nachmittag und am Sonntag hatten die meisten frei. Im Sommer dudelte irgendwo aus einem Fenster vielleicht ein Radio. Irgendjemand wusch an einer Pumpe mit einem Eimer Wasser und Seife sein Auto. Die Autos hatten noch Winker und schöne Augen. (Zeige mir deine Autos und ich sage dir, wer du bist. Die heutigen Modelle haben fiese Gesichter. Es sind Monster. Sie sind so groß, dass sie nur noch von Panzerspähwagen zu übertreffen sind.)

Autos spielten noch keine große Rolle. An den Kreuzungen waren kaum Ampeln. Erst als es immer mehr Pkw wurden und sich die Unfälle häuften, wurden welche aufgestellt. Ich konnte die Straßen als Kind noch gefahrlos überqueren, konnte mit dem Roller unterwegs sein, ohne befürchten zu müssen, unter die Räder zu kommen. Das hat sich gründlich verändert. Auf den Verkehrswegen herrscht Krieg zwischen Autofahrern, Monstertrucks, Fahrradfahrern und Fußgängern. Die Fahrräder sind keine Alternative zum Auto geworden, sondern belasten zusätzlich die Straßen. So war das nicht gemeint.

»You think you're in heaven, but you're living in hell« singt Bob Marley in »Time will tell«. So schlimm ist es nicht. Früher war nicht alles besser. Aber wenn die Schilderung des Feierabends in Ihren Ohren wie eine Idylle klingt, kann ich sagen: Das war es auch. Die meisten Menschen sind heute nicht mehr faul genug, ihre freie Zeit mit seligem Nichtstun zu verbringen.

Zugegeben, es war manchmal langweilig. Aber im Radio »Lazy Sunday Afternoon« zu hören, war eine Offenbarung. »Close your eyes and drift away«. Kann es sein, dass so viele verlernt haben, zu tagträumen? »What a day for a daydream.«

Wer sich auch nur ein bisschen Sinn für Faulheit erhalten hat, weiß, was ich meine. Die Zukunft wird – wenn es denn eine gibt – faul sein. Inklusive Feierabend.

Sometimes I sits and thinks,
*sometimes I just sits.**

Satchel Paige

*(Schreibweise entspricht dem Originalzitat)

Richtig faul sein

Zum Schluss möchte ich Ihnen ein paar Anregungen mit auf den Weg geben, wie Sie negative Disziplin durch positive Faulheit ersetzen können; denn Faulheit will gelernt sein:

- Überlegen Sie sich bei allem, was Sie tun, genau, was Sie wollen. Ohne klare Ziele ist es schwer, effektiv zu handeln. Eigentlich eine Binsenweisheit. Trotzdem ist vielen nicht bewusst, was Sie beruflich und privat überhaupt vorhaben.

- Folgen Sie dem Lustprinzip! Ja, Sie haben richtig gelesen: dem Lustprinzip! Wie wollen Sie sich motivieren, wenn Sie in dem, was Sie tun, keinen Sinn sehen und noch weniger Spaß empfinden? Die Alternative wäre Angst. Das funktioniert auch. Aber wollen Sie wirklich nur aktiv werden, wenn Ihre Angst größer ist als Ihre Unlust?

- Wenden Sie das Prinzip der kleinen Schritte an. Die machen nicht viel her, sind aber in der Summe unschlagbar. Die meisten Menschen überschätzen, was an einem Tag möglich ist, und unterschätzen, was man in einem halben Jahr schaffen kann. Die Japaner haben mithilfe dieses Prinzips ihre enormen wirtschaftlichen Erfolge erzielt. Sie nennen es »Kaizen«: ständige, kleine Verbesserungen. (Nicht empfehlenswert ist hingegen eine andere japanische Gepflogenheit: »Karoshi«. Das ist der plötzliche Tod durch Überarbeitung.)

- Suchen Sie sich effektive, erfolgreiche Vorbilder. Man muss das Rad nicht neu erfinden. In fast jedem Arbeits- und Lebensbereich gibt es Menschen, die den Weg, den man beschreiten möchte, bereits mit Erfolg gegangen sind. Egal ob man eine glückliche Beziehung führen, einen guten Studienabschluss erreichen oder den Mount Everest besteigen möchte: Fast immer findet man gute Anleitungen, zunehmend sogar wissenschaftlich fundierte.

- Falls Sie allein nicht weiterkommen, lassen Sie sich beraten. Lesen Sie gute Ratgeber oder suchen Sie sich einen kompetenten Coach. Die meisten SportlerInnen trainieren unter Anleitung. Immer mehr Manager und Privatleute lassen sich coachen. Warum sollten Sie auf eine Unterstützung, die Ihnen das Leben leichter macht, verzichten?

- Setzen Sie sich für die Einführung eines bedarfsdeckenden, bedingungslosen Grundeinkommens ein, egal ob Sie es selbst benötigen würden oder einfach anderen helfen wollen, ein gutes Leben zu führen. Das persönliche Glück hat Grenzen. Wenn um Sie herum immer mehr Menschen verarmen, beeinträchtigt das auch Ihr Wohlbefinden, es sei denn, Sie hätten ein Herz aus Stein. Informieren Sie sich, welche Parteien ein solches Grundeinkommen befürworten. Im Internet finden Sie Bündnisse, denen Sie sich anschließen können.

Und wo bleibt die Disziplin? Im Leben vieler erfolgreicher Menschen kann man keine entdecken. Sie ist entbehrlich; denn für das, was man liebt, strengt man sich gerne an. Selten hat man das Gefühl, sich quälen zu müssen. Im Gegenteil: Man wird den Eindruck nicht los, dass man eigentlich ziemlich faul ist.

Literaturverzeichnis

Ich habe hier auch englischsprachige Bücher aufgenommen, weil die deutschen Übersetzungen nicht mehr lieferbar sind oder diese Titel bei uns noch nicht erschienen sind. Die USA sind aus meiner Sicht zwar ein viel zu hart arbeitendes Land, aber die Literatur zum Thema »Faulheit« scheint mir dort viel reichhaltiger und interessanter als in Deutschland.

Wenn Sie bei Amazon mithilfe der Stichwörter »lazy«, »easy«, »play« oder »meditation« nach Büchern suchen, werden Sie viele großartige Entdeckungen machen. Es ist zwar nicht alles Gold, was glänzt, aber es sind echte Perlen darunter. Einige will ich an dieser Stelle nennen. Besonders hervorragende Titel habe ich mit einem * gekennzeichnet.

* Allen, Marc: The Type-Z Guide to Success. A Lazy Person's Manifesto for Wealth and Fulfillment. Novato, California 2006

Marc Allen hat den amerikanischen Traum verwirklicht: vom Habenichts zum Millionär. Mit seinem Verlag »New World Library«, der so erfolgreiche Autoren wie Deepak Chopra, Eckhart Tolle im Programm hat, ist es ihm gelungen, ohne nennenswerte Anstrengungen seine Vorstellung eines guten Lebens zu verwirklichen. Vorbildlich.

Arnold, Rolf: Aberglaube Disziplin. Heidelberg 2007

In der Pädagogik fordern manche wieder mehr Disziplin. Arnold tritt den Ewiggestrigen mit diesem Buch entgegen. Besonders für Eltern und LehrerInnen interessant.

Aronson, Elliot; Wilson, Timothy D.; Akert Robin M.: Sozialpsychologie. München 2008
Sehr empfehlenswert, freundliches Menschenbild. Es ist zwar keine Bettlektüre, weil man dann zwei kräftige Leute bräuchte, die das Buch halten – es ist ein wahrer Wälzer –, aber anders als die meisten akademischen Bücher ist es kein langweiliger, staubtrockener Lesestoff. Im Gegenteil: Man versteht sofort, warum Aronson einen Preis für hervorragendes Schreiben bekommen hat.

Bach, James Marcus: Die Freibeuter Strategie. Durch selbstbestimmtes Lernen zum Erfolg. München 2010
So etwas wie die Bibel der Autodidakten.

* Benson, Herbert; Proctor, William: Relaxation Revolution. Enhancing Your Personal Health Through the Science and Genetics for Mind Body Healing. New York 2010
Benson, der hervorragendste Vertreter der Psychosomatik in den USA fasst in diesem Buch sein Lebenswerk zusammen. Gezielte Entspannung und positives Visualisieren können Wunder vollbringen, für die die traditionelle Medizin keine Erklärungen hat. Unbedingt lesenswert.

* Brown, Stuart: Play. How it Shapes the Brain, Opens the Imagination and Invigorates the Soul. New York 2009
Ein Buch, das die Bedeutung des Spiels auch für Erwachsene hervorhebt.

Buddhas Reden. Majjhimanikaya, die Sammlung der mittleren Texte des buddhistischen Pali-Kanons. In kritischer, kommentierter Neuübertragung von Kurt Schmidt. Heidelberg/Leimen 1989

Wohl immer noch die einzige textkritische Übersetzung der Lehrreden des Buddha. Nicht unbedingt eine leichte Lektüre, aber lohnenswert.

Clifton, Donald O.; Nelson, Paula: Soar with your strengths. A Simple Yet Revolutionary Philosophy of Business and Management. New York 1992
Allein schon wegen der Parabel »Let the rabbits run« lesenswert.

Deschner, Karlheinz: Kriminalgeschichte des Christentums. Band 1–10. Reinbek bei Hamburg 1994 ff.
Gleich zehn Bände. Schockierender Inhalt. Bevor jemand den Islam kritisiert, sollte er Deschner lesen.

Diamond, Jared: Kollaps. Warum Gesellschaften überleben oder untergehen. Frankfurt/Main 2011
Haben wir noch eine Chance? Nach der Lektüre dieses Buchs wissen Sie mehr.

* Diepeveen, Adriaan: The Art of Positive Laziness. E-Book, ohne Jahr.
Diepeveen ist ein junger holländischer Autor, der schon früh begriffen hat, dass blinder Aktionismus zu nichts führt. Überzeugende Anleitung, klare Prioritäten im Leben zu setzen und sich allein darauf zu konzentrieren. Macht die wichtige Unterscheidung zwischen negativer und positiver Faulheit.

Ellis, Albert: Rational Emotive Behavior Therapy. It Works For Me – It Can Work for You. Amherst 2004
Der Begründer der REVT (1913-2007) hat drei Jahre vor seinem Tod seine Autobiographie geschrieben. Sie gibt mehr

Aufschluss über die von ihm geschaffene Revolution in der Psychotherapie als viele akademische Lehrbücher. Ellis schildert in großer Offenheit seine persönlichen Probleme und wie ihm seine eigene Therapie geholfen hat, damit zurechtzukommen. Wenn man so 93 Jahre alt werden kann, kann die Methode nicht ganz schlecht sein!

Frankl, Viktor E.: ... trotzdem Ja zum Leben sagen. Ein Psychologe erlebt das Konzentrationslager. München 2008
Entgegen der Behauptung, wer Visionen habe, müsse zum Arzt, zeigt Frankl, dass man nur mit einer Vision eine Chance zum Überleben hat.

* Fromm, Erich: Haben oder Sein. Die seelischen Grundlagen einer neuen Gesellschaft. Stuttgart 1976
Mein Buch habe ich Erich Fromm gewidmet. Wegen »Haben oder Sein«. Für mich war es 1979 eine Offenbarung. Es war eine im besten Sinne radikale Kritik unserer Gesellschaft. Sie hat bis heute an Aktualität nichts eingebüßt. Das »Sein« muss aus meiner Sicht das »Faulsein« unbedingt mit einschließen.

Gottman, John M.: Die 7 Geheimnisse der glücklichen Ehe. München 2000
Nicht Disziplin, sondern Spaß ist der Kitt, der eine Ehe zusammenhält!

* Hohensee, Thomas: Gelassenheit beginnt im Kopf. Augsburg 2011
Ich weiß, dass manche Leser es hassen, wenn Autoren ihre eigenen Bücher empfehlen. Aus meiner Sicht wäre es aber ein Fehler, es in diesem Fall nicht zu tun. Gelassenheit ist für ein

faules Leben unentbehrlich. Dieses Buch hat seit 2004 vielen geholfen, entspannter zu leben. Es ist mittlerweile ein Best- und Longseller.

Kunhardt, Gert und Marlén von: Keine Zeit und trotzdem fit. Minutentraining für Vielbeschäftigte. Frankfurt/Main 2007
Nicht nur für Vielbeschäftigte. Auch für Faule sehr geeignet.

Laotse, Tao te king
Verschiedene Übersetzungen dieses klassischen Textes finden Sie im Internet unter http://home.pages.at/onkellotus/Menu/Inhalt.html

Love, Susan M.; Domar, Alice D.: Live a litte. Breaking the rules won't break your health. New York 2011
Wir werden täglich mit Gesundheitstipps überschüttet. Was sollte man nicht alles tun, um gesund zu bleiben! (Fast) Alles Quatsch, meinen Love und Domar. Für Faule eine gute Nachricht.

* Morehouse, Laurence E.; Gross, Leonard: Fitness für Faule. Das »weltraumgetestete« Gesundheitsprogramm. Reinbek bei Hamburg 1980
Originaltitel: Total Fitness in 30 Minutes a Week. Das sagt schon alles. Kein Blut, kein Schweiß, keine Tränen – nur Fitness.

Nearing, Helen und Scott: Ein gutes Leben leben. Gegen den Strom. Reinbek bei Hamburg 1984
Die Nearings sind heute noch für viele in der Ökologiebewegung Vorbilder. In diesem Buch präsentieren sie ihre Philosophie eines einfachen, guten Lebens. Besonders bemerkenswert ist, dass sie ihre Arbeit von Anfang an radikal reduziert haben.

O'Hanlon, Bill: A Lazy Man's Guide to Success. E-Book 2010-2012
Der Autor ist ein Vertreter der lösungsorientierten Kurztherapie. Obwohl er sich als sehr faul bezeichnet und unfähig ist, etwas zu tun, das ihn nicht interessiert, hat er bereits über dreißig Bücher geschrieben und in der ganzen Welt Workshops angeboten.

* Pantalon, Michael V., Nicht warten – starten! Das 7-Minuten-Programm zur Motivation. München 2012
Nicht Disziplin, sondern Motivation ist der Schlüssel zum Handeln. Pantalons Methode hat sich selbst in schwierigen Fällen bewährt.

* Rifkin, Jeremy: Das Ende der Arbeit und ihre Zukunft. Neue Konzepte für das 21. Jahrhundert. Frankfurt/Main 2005
Wenn ich Pflicht nicht als die »Schwester« der Disziplin ansähe, würde ich sagen: Pflichtlektüre! Wir leben im 21. Jahrhundert, aber unsere Arbeitsethik stammt aus dem Mittelalter. Ein »Update« ist dringend notwendig.

* Rogers Hamrick, Julia: Choosing easy world. A Guide to Opting Out of Struggle and Strife and Living in the Amazing Realm. New York 2012
Die Autorin meint, wir hätten die Wahl, ob wir in einer schwierigen oder leichten Welt leben wollen. Für diejenigen, die davon überzeugt sind, dass wir täglich um unser Überleben kämpfen müssten, stellt dieses Buch eine echte Herausforderung dar. Alle anderen werden es mit Vergnügen lesen.

Rosenberg, Marshall B.; Seils, Gabriele: Konflikte lösen durch gewaltfreie Kommunikation. Freiburg i.B. 2004
Rosenberg ist ein Schüler von Carl Rogers, dem Begründer der Gesprächspsychotherapie. Dieser Interviewband gibt einen guten Einblick in Theorie und Praxis seiner Methode.

Schwartz, Jeffrey: You Are Not Your Brain. The 4-Step Solution for Changing Bad Habits, Ending Unhealthy Thinking, and Taking Control of Your Life. New York 2011
Sind kollektive Zwangsstörungen heilbar? Ist es möglich, dass unsere Gesellschaft auf Disziplin verzichtet und eine neue Einstellung zur Arbeit findet? Jeffrey Schwartz ist ein Experte in der Behandlung individueller Zwangsstörungen. Er erklärt hier, wie das Gehirn neue Denk-und Verhaltensweisen zwar erschwert, aber nicht verhindert.

Shapiro, Stephen: Goal-free living. How to Have the Life You Want NOW! Hoboken 2006
Ziele im Leben sind notwendig. Wer aber zu zielstrebig ist, verliert die Leichtigkeit des Seins. Shapiro hat als ehemaliger »Goal-Junkie« die geeignete Therapie dagegen gefunden.

Bibliografische Information der Deutschen Nationalbibliothek

Die Deutsche Nationalbibliothek verzeichnet diese Publikation in der Deutschen Nationalbibliografie; detaillierte bibliografische Daten sind im Internet über https://portal.dnb.de abrufbar.

FSC
www.fsc.org
MIX
Papier aus verantwortungsvollen Quellen
FSC® C014496

Verlagsgruppe Random House FSC-DEU-0100
Das für dieses Buch verwendete FSC®-zertifizierte Papier *Munken Premium Cream* liefert Arctic Paper Munkedals AB, Schweden.

1. Auflage

Coverfoto: corbis
Druck und Einband: GGP Media GmbH, Pößneck
Printed in Germany
ISBN 978-3-579-06651-6

www.gtvh.de